LE GUID

Michel Record

GAVARNIE-LUZ

RANDO
éditions

À la mémoire de Francis Mousel, dont la disparition est toujours inexpliquée

A bolt of fear went through him as they thundered through the sky
For he saw the Riders coming hard and he heard their mournful cry
As the riders loped on by him he heard one call his name
If you want to save your soul from Hell a-riding on our range
Then cowboy change your ways today or with us you will ride
Trying to catch the Devil's herd, across these endless skies

Johnny Cash (Riders In The Sky)

Crédits photographiques

Pierre Le Hong : 12 (haut), 28 (haut), 34, 42, 43, 44, 56, 118, 120

Michel Record : couverture (milieu gauche), 5, 17, 21, 23, 24, 30, 32, 57, 59, 61, 62-63, 69, 70, 76, 96, 98, 100, 101, 102, 115, 116

Bruno Valcke : couverture, 7, 10, 12 (bas), 15, 18, 19, 20, 26, 27, 28 (bas), 33, 35, 36, 38, 39, 40, 41, 45, 46, 48, 49, 50-51, 52-53, 55, 58, 60, 64, 67, 68, 71, 73, 74, 78, 79, 80, 81, 82, 83, 85, 86, 88-89, 90, 91, 94, 103, 104, 106, 107, 108, 110, 113

Cet ouvrage paraissant au printemps 2013 est la mise à jour de l'édition antérieure (2002, 2003, 2006, 2008, 2010 et 2011…), actualisée et remodelée.
Du même auteur, chez le même éditeur, vous pouvez consulter (et utiliser)
Le Guide Rando Pays basque ainsi que *Le Guide Rando Haut-Aragon*.

© **Éditions Glénat / Rando Éditions**
Couvent Sainte-Cécile – 37, rue Servan – 38000 Grenoble
www.glenatlivres.com

ISBN 978-2-84182-523-3
Dépôt légal : avril 2013

Cartes : Jean-François Dutilh
Maquette et mise en pages : Pierre Le Hong – Rando Éditions
Chromie : Isokéa (64, Anglet)
Achevé d'imprimer en Espagne en avril 2016 par Indice S.L.,
sur papier provenant de forêts gérées de manière durable.

QUATRE PORTRAITS
POUR APPRÉCIER VOTRE NIVEAU

La plupart des guides classent les randonnées en trois niveaux : facile, moyen, difficile. Or une telle distinction ne prend pas en compte le fait que ce qui est facile pour l'un va s'avérer difficile pour un autre. Afin de vous permettre à tout moment de choisir l'itinéraire qui vous convient le mieux, nous vous proposons une évaluation sous forme de portraits. L'un d'entre eux cerne approximativement votre aptitude et vous permet ainsi d'apprécier un itinéraire à votre niveau. Le code couleur de chacun des portraits apparaît sur les profils de course et dans les textes descriptifs.

PREMIER PORTRAIT

- ✔ *Votre forme physique est moyenne*
- ✔ *Vous n'avez pas d'expérience de la marche*
- ✔ *Vous ne connaissez pas votre endurance*
- ✔ *Vous ne savez ni vous orienter, ni vous servir d'une carte*
- ✔ *Vous portez des chaussures de sport (tennis, baskets) convenant à la promenade*

VOUS ÊTES UN PROMENEUR. CODE COULEUR : BLEU

Au début, n'excédez pas trois heures de marche, montée et descente étant considérées comme ayant une durée sensiblement égale.

SECOND PORTRAIT

- ✔ *Vous êtes en assez bonne forme physique*
- ✔ *Vous pouvez marcher en plaine ou en coteau plusieurs heures sans problème*
- ✔ *Votre connaissance de la montagne est très superficielle*
- ✔ *Vous ne savez pas bien vous orienter*
- ✔ *Vous avez des chaussures de marche*

VOUS ÊTES UN MARCHEUR. CODE COULEUR : VIOLET

Vous pouvez aborder des parcours de cinq heures, en considérant que la descente se fera approximativement 15 à 20 % plus rapidement que la montée.

✔ *Vous êtes en bonne forme physique*
✔ *Vous avez l'expérience courante de la moyenne montagne*
✔ *Vous êtes correctement équipé (chaussures, sac à dos...)*
✔ *Vous savez vous orienter et utiliser une carte*
✔ *Sortir des sentiers tracés et balisés ne vous effraie plus*

VOUS ÊTES UN RANDONNEUR. CODE COULEUR : ROUGE

Les randonnées que vous allez entreprendre réclament parfois
plus de huit heures de marche. La descente, par le même parcours,
prend environ les trois-quarts du temps nécessaire à la montée.

✔ *Vous avez l'expérience de la haute montagne et vous y partez fréquemment*
✔ *Vous savez vous servir d'un piolet et passer des névés*
✔ *Sans être adepte de l'escalade, vous êtes capable d'utiliser vos mains,
    pour le plaisir de faire du rocher*

VOUS ÊTES UN RANDONNEUR EXPÉRIMENTÉ. CODE COULEUR : BRUN

Les longues courses de plus de huit heures, les parcours de hautes crêtes vous
sont-réservés. Votre temps de descente est de 30 % inférieur à celui de la montée.

CARTES DE RANDONNÉES AU 1/50 000

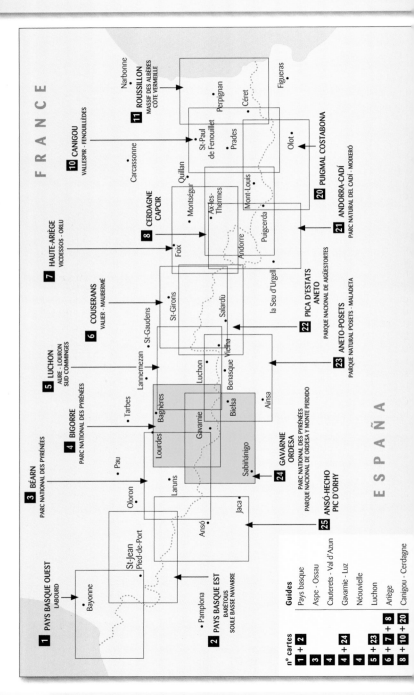

CONSEILS UTILES

Avant de partir, vous allez choisir un itinéraire. Veillez à rester modestes quant à vos capacités techniques et d'endurance, et surtout à faire votre choix en fonction de la personne supposée la plus faible de votre groupe. Débutez la saison estivale en parcourant les itinéraires les plus faciles, vous avez tout le temps d'ajouter de la difficulté par la suite.

Partez tôt le matin, la lumière est plus belle, vous éviterez les orages de fin de journée et vous aurez suffisamment de temps devant vous pour organiser votre journée.

Veillez à emporter un équipement minimum : des vêtements pour vous couvrir (au moins un second tee shirt, une polaire, une veste et un pantalon), lunettes de soleil, couvre-chef et crème solaire, une nourriture adaptée à l'effort et au moins 1 litre d'eau par personne. Le tout rangé dans un sac à dos confortable et bien équilibré. Les chaussures idéales sont à la fois souples et maintiennent bien la cheville.

Consultez les bulletins locaux de prévisions météo au 08 99 71 02 65.

Emmenez toujours une carte avec vous, même si vous n'êtes pas un expert en lecture de carte : c'est le meilleur moyen d'apprendre à vous repérer progressivement. En l'occurrence, munissez-vous des cartes de randonnées au 1/50 000 n° 4 Bigorre et/ou des cartes au 1/25 000 éditées par l'IGN dans la série Top 25.

Aujourd'hui, on trouve un téléphone portable dans la majorité des sacs à dos car il est devenu un nouvel élément de sécurité. Sachez toutefois que les aires de fonctionnement sont encore très limitées et, avant d'appeler un numéro de secours (112), jugez s'il est vraiment indispensable de déplacer les personnels héliportés si vous disposez d'un autre moyen d'action. On n'appelle pas un hélicoptère pour une luxation du poignet, surtout si vous êtes à 5 minutes de marche de votre véhicule. Un accidenté plus grave pourrait subir le retard d'une telle intervention.

Redescendez toujours vos déchets dans un sac-poubelle que vous aurez prévu à cet effet et sachez qu'un détritus caché sous un caillou pollue autant que s'il n'est pas à l'abri du regard.

Si vous décidez de dormir dans un refuge pour écourter les temps de marche, pensez à réserver au préalable par téléphone, afin que le gardien puisse s'organiser.

Enfin, la vigilance et la modestie vis-à-vis des terrains rencontrés et des conditions atmosphériques sont les meilleures qualités du randonneur. Il évite ainsi les accidents, il sait renoncer et conserve toutes ses capacités pour revenir quelques jours plus tard, dans de meilleures conditions.

L'auteur et l'éditeur vous suggèrent des itinéraires. En aucun cas ils ne peuvent être tenus pour responsables d'éventuels accidents ou de modifications des conditions de réalisation des randonnées décrites dans cet ouvrage.

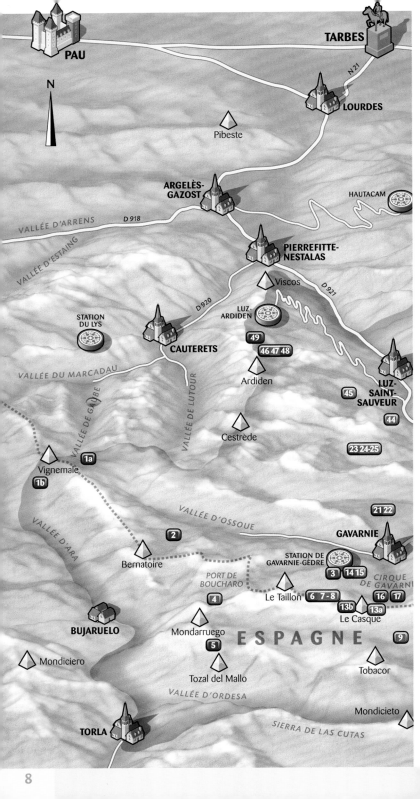

PAU

TARBES

N 21

LOURDES

N

Pibeste

ARGELÈS-
GAZOST

HAUTACAM

VALLÉE D'ARRENS   D 918

VALLÉE D'ESTAING

PIERREFITTE-
NESTALAS

Viscos   D 921

D 920

LUZ-
ARDIDEN

STATION
DU LYS

CAUTERETS

49

46 47 48

VALLÉE DU MARCADAU

Ardiden

LUZ-
SAINT-
SAUVEUR

45

VALLÉE DE LUTOUR

44

Cestrède

23 24-25

1a

Vignemale

21 22

1b

VALLÉE D'OSSOUE

GAVARNIE

2

STATION DE
GAVARNIE-GÉDRE

CIRQUE
DE GAVARNI

VALLÉE D'ARA

Bernatoire

3

14 15

PORT DE
BOUCHARO

Le Taillon

6 7-8

16

17

4

13b

13a

BUJARUELO

Mondarruego

Le Casque

E S P A G N E

9

Mondiciero

5

Tozal del Mallo

Tobacor

VALLÉE D'ORDESA

Mondicieto

TORLA

SIERRA DE LAS CUTAS

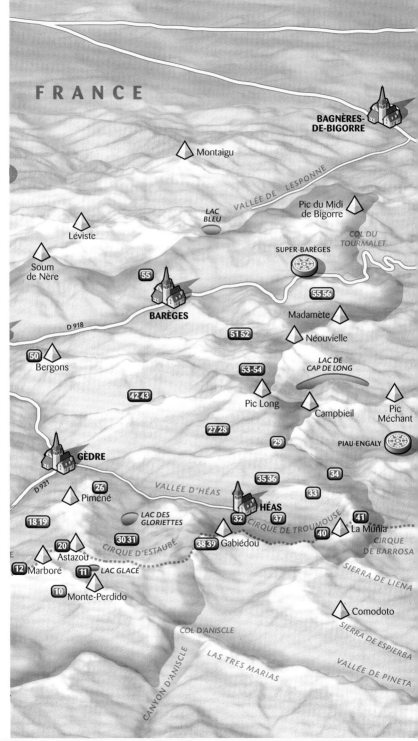

FRANCE

BAGNÈRES-
DE-BIGORRE

Montaigu

VALLÉE DE LESPONNE

Pic du Midi
de Bigorre

LAC
BLEU

COL DU
TOURMALET

Léviste

Soum
de Nère

SUPER-BARÈGES

55

55 56

BARÈGES

Madamète

D 918

51 52

Néouvielle

50

Bergons

53-54

LAC DE
CAP DE LONG

42 43

27 28

Pic Long

Campbieil

Pic
Méchant

29

PIAU-ENGALY

GÈDRE

D 921

26

Piméné

34

35 36

33

VALLÉE D'HÉAS

18 19

LAC DES
GLORIETTES

32

HÉAS

37

41

20

30 31

CIRQUE D'ESTAUBÉ

38 39

Gabiédou

CIRQUE DE TROUMOUSE

40

La Múnia

CIRQUE
DE BARROSA

Astazou

12

Marboré

11

LAC GLACÉ

SIERRA DE LIENA

10

Monte-Perdido

Comodoto

SIERRA DE ESPIERBA

COL D'ANISCLE

LAS TRES MARIAS

CANYON D'ANISCLE

VALLÉE DE PINETA

9

n° 1a LE VIGNEMALE 3298 m
par la voie normale depuis le barrage d'Ossoue

Qui n'a rêvé, petit écolier, du Vignemale des livres de géographie, premier sommet des Pyrénées françaises, avec ses 3298 m. Avec un peu de chance, il y avait même une photographie du glacier sommital. C'est sûrement pour cela que ce sommet, malgré ses longues marches d'approche a autant de succès. À cheval entre les vallées de Cauterets et de Gavarnie, entre France et Espagne, c'est vers lui que confluent randonneurs et autres ascensionnistes. L'ascension par la voie normale s'effectue en deux jours. Le premier jour, quand on monte de Gavarnie, on fait halte dans le refuge de Bayssellance. Le deuxième jour est celui de la traversée du glacier supérieur et de l'ascension finale. Comme pour le glacier de l'Aneto, il ne faut pas négliger les dangers d'une traversée glaciaire, même s'il n'y a pas de difficulté apparente. De même la dernière grimpée rocheuse est exposée aux chutes de pierres et le port du casque parfois utile…

Niveau
Randonneur expérimenté (AD)

Horaires
5h00 + 4h00 = 9h00
par la voie normale
7h00 + 4h00 = 11h00
par le couloir de la Moskowa

Total des montées
1700 m

Difficulté
Piolet, crampons, voire casque, obligatoires.

Cartes
n° 4, Bigorre, au 1/50 000
n° 1748 OT, Gavarnie-Luz, au 1/25 000

Accès routier
De l'entrée de Gavarnie, suivre à droite la route des Especières pendant 800 m. La quitter pour prendre à droite la petite route de la vallée d'Ossoue. Traverser un pont sur le gave d'Ossoue, puis suivre la rive gauche pendant 4 km. À la route goudronnée succède une piste dont l'état est variable (parfois

Le versant sud du massif du Vignemale

en mauvais état sur la fin à partir de la cabane de Milhas). Au bout de 4 km de piste, on arrive sur un petit parking aménagé près du barrage d'Ossoue.

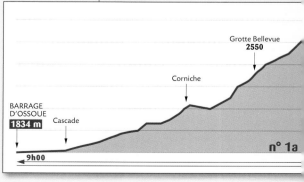

BARRAGE D'OSSOUE
1834 m
Cascade
Corniche
Grotte Bellevue
2550
9h00
n° 1a

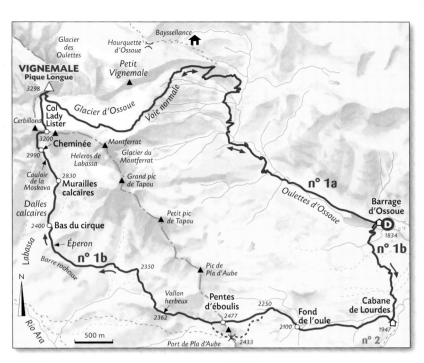

0h00 Du **barrage d'Ossoue**, 1834 m, terminus de la piste, il faut suivre le GR 10 vers l'ouest-nord-ouest jusqu'aux grottes Bellevue. Le sentier longe le barranco d'Ossoue et peut présenter des passages impressionnants (en pointillés rouges sur la carte), surtout en début de saison (neige).

2h00 Peu après les **grottes Bellevue** (2550 m), quitter le GR 10 et prendre à gauche le sentier montant au glacier du Vignemale.

3h00 Vers 2800 m, on aborde le **glacier** (hauteur variable) et l'on suit les nombreuses traces. On fait un large lacet vers le sud-ouest pour éviter

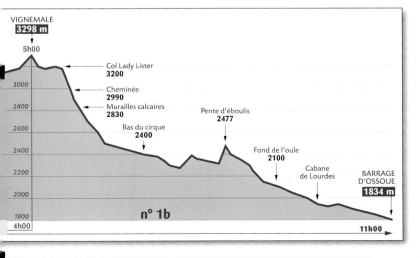

Glacier d'Ossoue

la partie la plus raide et crevassée du glacier, puis on revient (nord-ouest) par des pentes modérées vers la Pique Longue, point culminant dominant le plateau glaciaire. Gravir ensuite les pentes d'éboulis et de mauvais rochers (danger de chutes de pierres, port du casque conseillé).

Il est bien sûr possible de procéder en deux temps quand on monte d'Ossoue : d'abord passer la nuit au refuge Bayssellance (2651 m) puis emprunter la voie normale telle que décrite ci-dessus. Ce refuge (58 places), est gardé de mi-mai à fin septembre (tél. 05 62 92 40 25). Réservation vivement conseillée.

5h00 **Vignemale,** 3298 m.

Le massif du Vignemale observé depuis Gavarnie

n° 1b LE VIGNEMALE 3298 m
par la voie de la Moskowa

Cette course ne présente pas de grosses difficultés techniques du point de vue de l'escalade, mais la longueur de l'itinéraire, la recherche du meilleur cheminement, le terrain parfois délicat où il se déroule, son isolement enfin, la destinent aux montagnards aguerris. Pour ces raisons, le Guide Ollivier la cote AD inf. bien que le seul passage d'escalade pure ne dépasse pas le II sup. D'autre part, le versant espagnol n'est pas ou peu représenté sur les cartes françaises actuellement disponibles. Seules les anciennes cartes Meillon et les cartes du Parc, série verte IGN au 1/25 000 comportaient la partie espagnole du trajet. De tous temps, la voie de la Moskowa a suscité l'intérêt des montagnards. Bernard Clos (Pyrénées, 1990) décrit avec enthousiasme la beauté étrange de ces grandes dalles de marbre blanc striées de filons d'ophite qui tombent d'une seule venue des bords du glacier d'Ossoue, sur une hauteur de 500 m.

0h00 **Barrage d'Ossoue,** 1834 m. Suivre l'itinéraire du lac de la Bernatoire jusqu'à la cabane de Lourdes (1947 m). De la cabane, quitter l'itinéraire de la Bernatoire et remonter à l'ouest la vallée du port de Pla d'Aube. (On peut rester rive droite.)

1h00 Vers 2100 m on arrive au **fond de l'oule.** Remonter nord-ouest un ravin pentu, rive droite d'un torrent. On débouche au-dessus (vers 2250 m),

sur une sorte de plateau vallonné. De là on peut passer soit au port de Pla d'Aube (2433 m), soit directement à droite du pic du Port, au point coté 2477 m, ce qui évite une traversée sur des éboulis fuyants, versant espagnol.

2h00 Du point coté 2477 m, descendre sur des **pentes d'éboulis** et remonter à droite (nord-ouest) vers un petit vallon herbeux (2362 m). À son extrémité descendre nord-ouest des pentes d'éboulis assez raides vers le ravin suivant. Contourner l'éperon opposé en passant juste sous des barres rocheuses.

Traverser un nouveau ravin et remonter légèrement (vers 2350 m) sur le côté opposé. On aborde alors (entre les cotes IGN 2350 et 2400) de vastes pentes d'éboulis dominant des barres rocheuses cinquante mètres plus bas. Suivre à flanc une des nombreuses sentes à moutons qui parcourent ces pentes.

On arrive sous un éperon avancé du pic de Tapou. On peut descendre d'une cinquantaine de mètres pour le

LA LADY ET LE PRINCE

La « double première » du Vignemale par cet itinéraire fut réalisée par lady Lister le 7 août 1838, et par le prince de la Moskowa le 11 août de la même année. Cette première ascension fut l'objet d'une vive polémique entre la lady et le prince, lequel avait gravi le sommet par la même voie quatre jours après elle en croyant être le premier. Le guide Cazaux en effet avait « vendu » deux fois la même première à ses clients pour s'assurer une meilleure rémunération ! C'est que, monsieur, la vie est difficile dans nos montagnes... Les historiens du pyrénéisme retinrent le nom de « voie de la Moskowa » plutôt que celui de « voie Lister ». Le premier, sans doute, avait plus d'allure...

contourner, ou bien prendre une vire qui évite cette descente.

3h00 On se trouve alors au **bas** (2400 m) **du vaste cirque** sud du Vignemale délimité par le Tapou et le pic de Cerbillona. Remonter au nord de longues pentes herbeuses et des dalles peu inclinées de calcaire blanc, rive droite du barranco de Labassa.

4h30 On aboutit sous les vastes **murailles calcaires** (environ 2830 m) dominant les Heleros de Labassa, le glacier le plus méridional du Vignemale. Prendre pied sur ce petit glacier (ou sur des éboulis en fin de saison) et se diriger nord vers le couloir de la Moskowa, ouvert entre le pic Central et le Cerbillona. Remonter ce vaste couloir neigeux dont la pente ne dépasse pas 45°. Lorsque la pente se redresse et que le couloir se rétrécit, remarquer à gauche (ouest) une...

5h15 **Cheminée** de calcaire blanc évidente dont la base se situe vers

2990 m et la sortie vers 3040 m. La remonter (II+) pour rejoindre l'arête sud du Cerbillona. Suivre cette arête puis obliquer à droite à travers des éboulis pour atteindre le...

6h00 **Col Lady Lister,** 3200 m. De là, rejoindre nord la voie normale de la Pique Longue ou gravir s'il y a de la neige le petit couloir à gauche qui mène directement à la crête et évite les chutes de pierres dues aux caravanes nombreuses.

7h00 **Pique Longue,** 3298 m. Descendre par la voie normale.

n° 2 LE LAC DE LA BERNATOIRE 2336 m
depuis le barrage d'Ossoue

« Une surprise ! Sur le versant sud de cette crête, dans un profond entonnoir de sierras déchiquetées, s'étale un lac tout rond. Le coup d'œil est aussi curieux que rare : on ne découvre aucune source, ni aucun filet d'eau qui alimente ce lac, et pas d'avantage de réservoir… Pittoresque aussi cet amphithéâtre de pierres encerclant ce joli lac bleu. Quel cataclysme a créé ce bouleversement !

Tremblement de terre ou soulèvement ? L'aspect est celui d'un cratère que des sources souterraines auraient rempli. » (Alphonse Meillon, campagne de 1922.)

Niveau
Promeneur

Horaire
1h45 + 1h15 = 3h00

Total des montées
500 m

Cartes
n° 4, Bigorre, au 1/50 000
n° 1748 OT, Gavarnie-Luz, au 1/25 000

Accès routier
Depuis l'entrée de Gavarnie, suivre à droite la route des Especières pendant

800 m. La quitter pour prendre à droite la petite route de la vallée d'Ossoue. Traverser un pont sur le gave d'Ossoue puis suivre la rive gauche pendant 4 km. À la route goudronnée succède une piste dont l'état est variable (parfois en mauvais état sur la fin à partir de la cabane de Milhas). Au bout de 4 km de piste, on arrive sur un petit parking aménagé près du barrage d'Ossoue.

0h00 Franchir une **passerelle** sous le barrage, 1834 m, pour gagner un sentier balisé rouge et blanc (GR 10). Il s'élève à flanc jusqu'à un replat herbeux,

le pla de Lourdes. Traverser un ruisseau venant du pla d'Aube, ruisseau d'Aube sur les cartes IGN, ou ruisseau du Lécadé (Meillon). Gagner les abords de la…

Vue « plongeante » sur le lac

0h40 **Cabane de Lourdes,** 1947 m. Peu après, bifurcation du sentier : l'itinéraire balisé (GR) traverse le ruisseau. Ne pas le suivre mais remonter la vallée de la Canau (sud) par un sentier non balisé.

On passe au pied du petit turon de la Canau (2018 m), à gauche, puis, plus loin, du tuc Blanc (2444 m), dominant des éboulis blanchâtres. Le vieux sentier muletier monte en pente douce dans cette petite vallée suspendue. À l'approche du col, le sentier s'infléchit un peu au sud-est et débouche au col de la Bernatoire. Spectacle étonnant d'un lac de cratère, sans déversoir apparent. Très belle vue sur les sierras espagnoles.

1h45 **Lac de la Bernatoire,** 2336 m.

VARIANTE AU DÉPART

Si l'on ne monte pas en voiture jusqu'au barrage d'Ossoue, on peut s'élever à pied, directement par la rive gauche du ravin de la Canau.

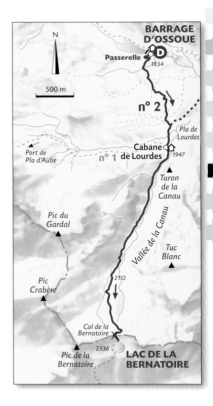

Au lieu-dit l'Espugue de Milhas, un kilomètre après la cabane de Milhas, quitter la piste et traverser (sud) un replat herbeux en suivant un petit sentier (non balisé) qui, parallèle au torrent, s'élève sur une croupe herbeuse, puis rocheuse, et rejoint l'itinéraire précédent à la cabane de Lourdes.

UNE ENCLAVE ESPAGNOLE

Toute la rive droite de la vallée d'Ossoue (dont fait partie la vallée où nous sommes) appartenait au Moyen Age à la communauté espagnole de Broto. La vallée de Barèges y avait seulement des droits d'usage pour la pâture du bétail. Ce fut une source de conflits incessants jusqu'au traité de 1862. La vallée française de Barèges et la vallée espagnole de Broto ont la propriété commune des sept quartiers de Pouey-Aspé, des Especières, de Pouey-Arraby, de Sécrès, de Pla-Lacoum, de Pouey-Mourou et de Lacoste, compris sous la dénomination de Montagne d'Ossoue.

TUCS ET TURONS

Deux mots de la langue gasconne pour désigner des élévations du terrain de forme différente : le turon désigne un sommet aux formes arrondies, comme une coupole, alors que le tuc s'emploie pour un sommet dont un des versants possède des falaises à pic. Nous en avons ici une bonne illustration avec le turon de la Canau et le tuc Blanc.

n° 3 LE PIC MOURGAT 2103 m
ET LA PAHULE 2292 m
depuis le parking des Especières

Le Mourgat, ainsi nommé car sa forme rappelle le museau de quelque animal, est la montagne qui domine le village de Gavarnie à l'ouest. Ses pentes orientales ont été reboisées pour protéger le village des avalanches. De par sa position centrale, relativement élevée et suffisamment éloignée, le pic Mourgat offre une superbe vue panoramique sur tous les sommets du cirque. Le grand géographe Schrader a réalisé de ce sommet une très belle vue circulaire, appelée orographe (du nom de l'appareil qu'il avait inventé), sur le cirque de Gavarnie. Des travaux récents de chercheurs universitaires et d'artistes ont remis en lumière l'œuvre de cet autodidacte de génie, amoureux de la région et qui, suivant sa volonté, est enterré dans le cirque, à la prade Saint-Jean.

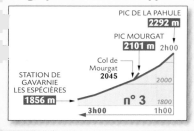

Niveau
Marcheur

Horaire
3h00

Total des montées
550 m

Difficulté
Un court passage d'escalade peu difficile pour le Mourgat, sans difficulté pour la Pahule.

Cartes
n° 4, Bigorre, au 1/50 000
n° 1748 OT, Gavarnie-Luz, au 1/25 000

Accès routier
À l'entrée du village de Gavarnie, prendre à droite la direction de la station des Especières. S'y garer sur le parking.

Vue du Mourgat

Vue sur le Taillon depuis les environs de la Pahule

0h00 Du **parking des Especières,** 1856 m, s'élever au N-E par une piste qui aboutit au pied d'un talus, à la base d'un vallon descendant du col du Mourgat. Remonter ce vallon par un sentier en lacets rive gauche (herbe et éboulis) jusqu'au…

0h40 **Col du Mourgat,** 2045 m. Une profonde cheminée entaille la face ouest du Mourgat. Gravir cette cheminée par une petite escalade amusante (II), en prenant garde toutefois aux chutes de pierres. (Pour éviter ce passage, il faudrait contourner l'arête N-O à sa base vers 1900 m et remonter par les pentes nord.)

1h00 On débouche sur le **sommet du Mourgat,** 2103 m, pourvu d'un

gros cairn, d'où l'on a une des meilleures vues sur le cirque de Gavarnie. Redescendre au col 2045 m. De là, on peut continuer à toute crête jusqu'au…

2h00 **Pic de la Pahule,** 2292 m, qui complète la vue sur les murailles nord du Cirque.

n° 4 L'ESCUZANA 2848 m
depuis Boucharo

Course oubliée puis redécouverte cent ans plus tard, sa description parut pour la première fois dans le Guide Joanne, édition de 1886. Le rédacteur était alors Lequeutre qui, avec Schrader et Wallon, fit partie des grands explorateurs des Pyrénées espagnoles. La voie décrite ici, celle de la Faja, ne fut retrouvée et publiée que récemment

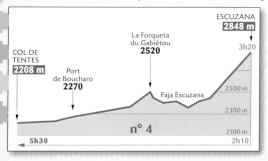

(Ordesa - Mont Perdu, de J.-P. Pontroué, 1992). Elle emprunte la grande vire qui monte vers le sud. Il faut dire que ce cheminement vu de la Forqueta paraît tout à fait improbable. Et pourtant « ça » passe !

Niveau
Randonneur

Horaire
3h20 + 2h10 = 5h30

Total des montées
600 m

Cartes
n° 24, Gavarnie-Ordesa, au 1/50 000
n° 1748 OT, Gavarnie-Luz, au 1/25 000

Accès routier
Depuis Gavarnie, suivre la route du col de Tentes (D 923, direction station des Especières), jusqu'à son terme.

Soubassements calcaires de l'Escuzana

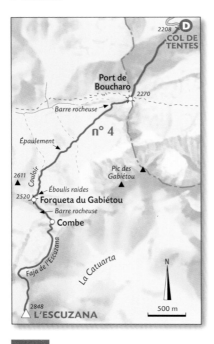

Sur la vire de l'Escuzana

0h00 Du **parking**, 2208 m, suivre l'ancienne route quasi-horizontale jusqu'au…

0h20 **Port de Boucharo,** 2270 m. Descendre à gauche du port. Quelques dizaines de mètres plus bas, franchir la barre rocheuse de gauche par un cheminement oblique (vire, cheminée). Au-dessus, on trouve une sente assez nette qui file au sud-sud-ouest jusqu'à un épaulement bien marqué sur la droite. De là, continuer à flanc pour rejoindre un vaste couloir s'élevant vers le sud. Une pente d'éboulis assez raide sur la fin conduit à la…

1h35 **Forqueta du Gabiétou,** 2520 m. Repérer en face une *faja* impressionnante qui parcourt les falaises de calcaire gris. En réalité le passage est facile. Pour atteindre cette *faja*, traverser à flanc vers l'est des escarpements assez raides en direction d'une…

2h05 **Vaste combe** venant des Gabiétous. Le passage est cairné, mais au départ il est assez aérien. Traverser la combe et remonter de l'autre côté, le long d'une pente d'éboulis, en direction d'une sente qu'on devine au pied de falaises grises. Suivre cette sente qui s'engage bientôt sur une large vire montante, la *faja* de l'Escuzana.

Suivre la *faja* jusqu'à sa sortie, sous un col ouvert entre l'Escuzana et le Mondarruego. Avant d'atteindre ce col, franchir à gauche une petite barre rocheuse en son point faible, puis gravir des pentes d'herbe et d'éboulis jusqu'à une dépression (petit col) ouvert sur la longue crête de l'Escuzana. De là, gravir le cône terminal de l'…

3h20 **Escuzana,** 2848 m, qui domine un très curieux cratère au fond duquel subsiste un petit lac jusqu'en été.

n° 5 LA FAJA DEL TARDIADOR
depuis Boucharo

1200 m au-dessus du fond du cañon d'Ordesa, la *faja* del Tardiador relie par une sente vertigineuse l'Escuzana à la *faja* de las Flores. Moins connue que sa sœur jumelle, cette faja est la clé qui manquait pour un superbe circuit, de Boucharo à Boucharo. Divulguée récemment, elle était toutefois connue « de temps immémorial » par les guides et les bergers des vallées voisines de Luz et de Broto. C'est une longue course, se déroulant dans un terrain « à isards » et il conviendra de l'aborder avec un guide et/ou un bon entraînement.

Niveau
Randonneur expérimenté

Horaires
5h30 aller (compter 3h45 pour le retour par le même chemin)
Deux jours pour un circuit par la brèche de Roland

Total des montées
530 m de Boucharo au col de l'Escuzana, 390 m de dénivelée négative jusqu'au vallon d'Aguas Tuertas.

Difficulté
Traversée de passages vertigineux.

Cartes
n° 24, Gavarnie, Ordesa y Monte Perdido
IGN espagnol n° 146-III

Accès routier
Depuis Gavarnie, suivre la route du col de Tentes jusqu'au terminus.

Vertige sur la faja

0h00 Suivre l'**itinéraire de l'Escuzana** (Punta dera Susana, IGN esp.), itinéraire n° 4, jusqu'aux…

2h50 **Pelouses,** 2630 m, situées au pied de l'éboulis du col nord de l'Escuzana. Laisser l'itinéraire de l'Escuzana qui grimpe vers ce col (est) et s'élever au sud en remontant des pentes herbeuses. On arrive à un…

3h10 **Replat,** 2740 m, au-dessus du col (2698 m) ouvert au nord-ouest de l'Escuzana entre ce sommet et celui que les Espagnols appellent Punta Narronal et les Français Mondarruego : on domine un curieux cratère dont le fond est occupé par un laquet. Il faut traverser à flanc ce cratère (sente dans les éboulis, côté est) puis descendre (ouest) jusqu'à un…

3h35 Autre **col au sud du cratère,** 2593 m. À 200 m au sud, se situe l'…

3h45 **Entrée de la faja del Tardiador,** 2560 m. Cette vire (nommée Faixeta del Tardiador sur la carte IGN espagnole) longe les falaises d'O Tardiador à l'altitude moyenne de 2500 m, dominant de 200 à 250 m la large faja del Mallo, et offre durant tout son parcours des vues impressionnantes sur le cañon d'Ordesa et le Tozal del Mallo. On sort de la faja vers 2440 m et l'on descend vers le…

5h30 **Fond du vallon d'Aguas Tuertas** ou de Salarons, 2350 m. De là on a le choix entre plusieurs options :
- retour par le même chemin ;
- circuit par le col de Salarons et la brèche de Roland ;
- circuit par la faja de las Flores et la brèche de Roland.

Dans les deux derniers cas, un bivouac intermédiaire est conseillé, soit dans le vallon d'Aguas Tuertas, soit dans les pâturages d'El Sumidero (Mallata Barrau).

RETOUR PAR LA BRÈCHE DE ROLAND

5h30 **Fond du vallon d'Aguas Tuertas,** 2350 m. Obliquer légèrement à droite (est) pour franchir un petit escarpement, et gagner une terrasse où est posé un gros rocher, c'est le départ de la faja de las Flores (2380 m). Peut-être son nom est-il dû aux nombreux edelweiss qu'on trouve à son extrémité est. Durant deux kilomètres environ, cette vire, large tout au plus de quelques mètres, longe les parois du Gallinero, offrant une vue exceptionnelle sur le canyon d'Ordesa. Un sentier horizontal permet de franchir sans encombre tous ses replis, sauf à la fin où un éboulement récent a recouvert le sentier et où l'on domine le vide.

6h00 On arrive à l'**extrémité de la**

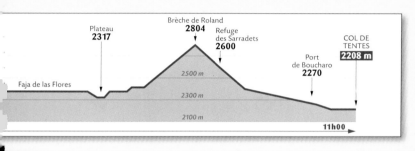

Brèche de Roland
2804

Plateau
2317

Refuge
des Sarradets
2600

COL DE
TENTES
2208 m

Port
de Boucharo
2270

Faja de las Flores

2500 m

2300 m

2100 m

11h00

Pause aérienne

faja (vers 2380 m), au-dessus du cirque de Cotatuero. Continuer vers le nord.

6h15 On atteint un **plateau**, karstique et dépourvu d'eau, 2317 m. (400 m à l'ouest du plateau, on trouve une cabane de berger, la Mallata Barrau, 2315 m, pouvant servir d'abri.) Continuer vers le nord dans une zone karstique. Après avoir traversé un vaste…

6h45 **Escarpement** qu'on franchit par une cheminée raide mais facile, 2397 m. On accède à un nouveau plateau parcouru par un ruisseau disparaissant dans une perte (Plano de San Fertus ou de Narziso). Laisser à droite le col du Descargador et continuer nord-est vers une source (Fuen dera Plana) et la base d'un nouveau ressaut (2420 m) que le sentier franchit (2460 m). Continuer nord-est à travers des rochers blancs, chaos.

7h30 On atteint le **thalweg du vallon supérieur**, entièrement minéral et neigeux, 2580 m. Une centaine de mètres au-dessus, vers l'ouest, se trouve la grotte glacée Casteret (2650 m). Continuer vers le nord et la brèche de Roland. Après avoir monté une pente d'éboulis ou de neige, on rejoint le sentier de la brèche (2750 m), puis la…

8h20 **Brèche de Roland**, 2804 m. Versant nord, descendre névés et pierriers jusqu'au…

8h50 **Refuge des Sarradets**, 2600 m. Suivre l'itinéraire classique par le col des Sarradets (2589 m) et le port de Boucharo.

10h00 **Col de Tentes**, 2208 m.

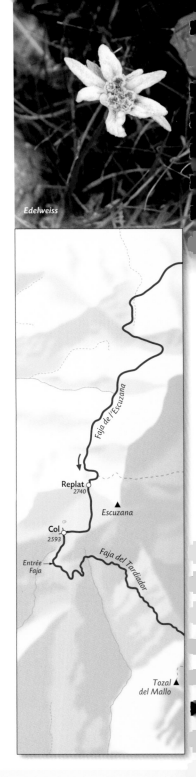

Edelweiss

Faja de l'Escuzana

Replat
2740

Escuzana

Col
2593

Entrée
Faja

Faja del Tardiador

Tozal
del Mallo

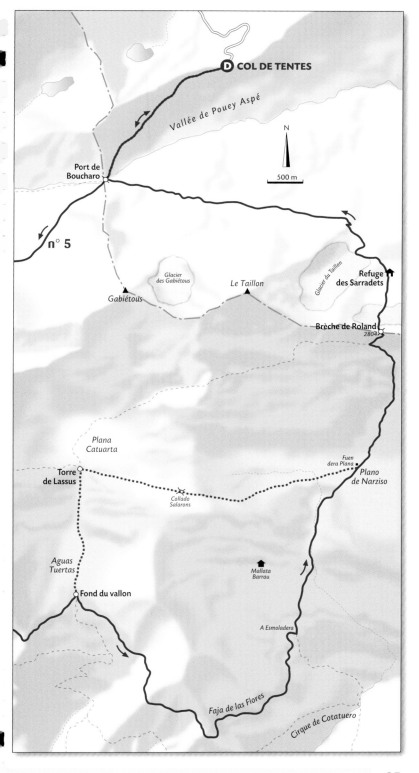

COL DE TENTES

Vallée de Pouey Aspé

N

500 m

Port de
Boucharo

n° 5

Glacier
des Gabiétous

Le Taillon

Glacier du Taillon

Refuge
des Sarradets

Gabiétous

Brèche de Roland
2804

Plana
Catuarta

Fuen
dera Plana

Plano
de Narziso

Torre
de Lassus

Collado
Salarons

Aguas
Tuertas

Mallata
Barrau

Fond du vallon

A Esmoladera

Faja de las Flores

Cirque de Cotatuero

n° 6 **LE REFUGE DE LA BRÈCHE-LES SARRADET**
2587 m
n° 7 **LA BRÈCHE DE ROLAND** 2807 m
n° 8 **LE TAILLON** 3144 m
depuis le col de Tentes

Le refuge des Sarradets, qu'on appelle maintenant le refuge de la Brèche, fut construit en 1956 par le Club Alpin Français (section de Tarbes). Terrasse ensoleillée appréciée des montagnards. Vue splendide sur la curieuse architecture des gradins du cirque, le plongeon de la Grande cascade et les principaux sommets de Gavarnie, depuis le Marboré à l'est jusqu'à la formidable entaille de la brèche dite de Roland, bien que notre héros n'ait jamais porté Durandal, ni sa personne, en ces lieux. Le pic du Taillon est le 3000 le plus facile d'accès du cirque de Gavarnie. Le panorama est superbe et très étendu. Le sommet attire ainsi de nombreux montagnards néophytes. En début de saison, il faudra tenir compte cependant des difficultés et des dangers dus à l'enneigement : pentes de neige raides, corniches et passage d'une arête assez étroite. En toutes saisons, l'orage est redoutable sur les crêtes : ne pas partir tard et se renseigner sur la météo.

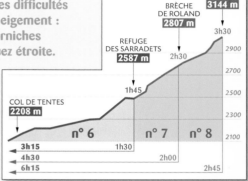

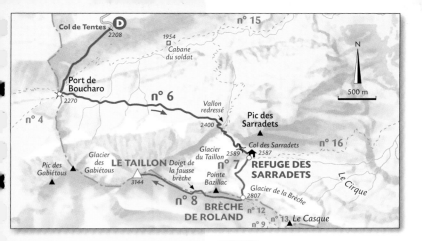

Niveaux
Marcheur au refuge des Sarradets
Randonneur pour la brèche de Roland
et le Taillon

Horaires
1h45 + 1h30 = 3h15 pour le refuge ;
2h30 + 2h00 = 4h30 pour la brèche ;
3h30 + 2h45 = 6h15 pour le Taillon

Total des montées
300 m jusqu'au refuge ; 550 m jusqu'à
la Brèche ; 900 m jusqu'au Taillon

Difficultés
Traversée sur névé en début de saison
(juin-juillet). Traversée d'un petit glacier
au-dessus du refuge.

Cartes
n° 4, Bigorre, au 1/50 000
n° 1748 OT, Gavarnie-Luz, au 1/25 000

Accès routier
Depuis l'entrée de Gavarnie, suivre
la route du col de Tentes (D 923,
direction de la station des Especières)
jusqu'à son terme.

0h00 Du **parking,** 2208 m, suivre l'ancienne route quasi-horizontale jusqu'au…

0h20 **Col de Boucharo,** 2270 m. Prendre le sentier aménagé et balisé par le Parc national. Il passe à la base du Gabiétou, puis à la base du Taillon (entre ces deux sommets, le front d'un petit glacier est encore visible). Vers 2400 m, on atteint le flanc d'un vallon redressé qui descend perpendiculairement vers le nord.

Remonter ce vallon où cascade le torrent alimenté par le glacier du Taillon encore invisible. C'est la partie la plus délicate du trajet. Mouillées, les roches polies sont glissantes ; verglacées, comme cela arrive parfois, elles sont très glissantes. En début de saison peuvent subsister des ponts de neige

Soirée contemplative au refuge

Dans la pente finale du Taillon

fragiles et peu apparents. Les panneaux du Parc invitent à la prudence. Veiller attentivement sur les enfants. On atteint le glacier du Taillon et l'on aperçoit sur la crête qui domine sa partie supérieure le Doigt de la Fausse brèche. Une

nouvelle montée, un peu raide mais courte, nous conduit au col des Sarradets (2589 m). Vue saisissante sur la brèche. Du col, courte traversée vers l'est jusqu'au…

1h45 **Refuge de la Brèche-Les Sarradets,** 2587 m. (Tél. 06 83 38 13 24, 60 places de mai à septembre.) Prudence si le névé recouvre encore le sentier. Quitter le refuge pour s'élever (raide)

Brèche de Roland versant français

direction sud vers la brèche en suivant la piste sur cailloutis… ou la trace sur névé. La barre transversale franchie, on aborde le glacier dont la pente est modérée et l'état très variable suivant la saison. En général on chemine dans la rigole creusée par le piétinement des nombreux randonneurs.

2h30 **Brèche de Roland,** 2807 m. De là, suivre vers l'ouest le sentier

bien tracé dans les éboulis : il longe les murailles méridionales du pic Bazillac (petits abris sous les parois).

On arrive ainsi au Doigt de la Fausse brèche que l'on contourne par le versant nord (à droite). Continuer toute crête (ce passage peut être assez impressionnant lorsqu'il est enneigé). S'élever ensuite par un sentier en lacets sur les vastes pentes du pierrier sommital jusqu'au…

3h30 **Taillon,** 3144 m.

L'ABRI DE RUSSELL

Les grottes artificielles que fit creuser le comte Russell au Vignemale commencent à être connues du public. Ce que l'on sait moins, c'est que le grand pyrénéiste envisagea d'effectuer ici la même entreprise. La grotte que l'on aperçoit versant français, au pied de la muraille et à droite de la brèche, fut creusée d'après ses directives et fermée jadis au moyen d'une porte métallique, rapidement emportée par les tempêtes qui sévissent dans ces parages.

n° 9 LE REFUGE DE GÓRIZ 2200 m
depuis le refuge de la Brèche-Les Sarradets, par la grotte Casteret

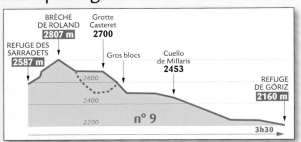

Le refuge de Góriz est le point de départ obligé pour la voie normale du mont Perdu. Sa fréquentation est importante et, si on veut y dormir, une réservation à l'avance obligée, même hors saison. En effet, sa rénovation récente, si elle a considérablement amélioré le confort du refuge, n'a pas augmenté sa capacité d'accueil : officiellement 72 places. Il est situé dans le Parc national d'Ordesa et du Mont-Perdu, et ses dirigeants ont donc souhaité conserver des dimensions modestes afin de limiter la fréquentation des lieux. L'accès depuis la brèche est en soi une randonnée d'un grand intérêt : on pourra découvrir le porche impressionnant de la grotte Glacée Casteret (fermée à la visite, notamment à cause des dangers dus au réchauffement climatique), et l'altiplano désertique de Millaris, dont Maurice Heïd disait : « Rien ne peut donner l'idée de l'aridité de ces parages… On y cherche instinctivement les empreintes des caravanes, comme au flanc des dunes du Sahara… »

Au-dessus du Cuello del Descargador

0h00 Du **refuge de la Brèche-Les Sarradets**, 2587 m (cf. itinéraire n° 6) monter à la…

0h45 **Brèche de Roland**, 2807 m. De là, descendre sud-est en longeant les murailles du versant sud. On arrive au passage du pas des Isards, mince corniche équipée d'un câble auquel on se tient pour traverser ce pas, plus impressionnant que difficile.

Sans remonter au col des Isards, prendre une sente dans les éboulis qui conduit sur le versant ouest du pic « anonyme » (2771 m). Descendre éboulis et chaos puis retrouver la sente qui remonte une pente d'éboulis vers le seuil de la grotte.

1h45 Vaste **porche** impressionnant, 2700 m. La grotte Casteret est désormais fermée notamment à cause du réchauffement climatique et des dangers qui s'ensuivent.

À travers de gros blocs, descendre par un itinéraire cairné, en direction du

Niveau
Randonneur

Horaire
3h30 du refuge de la Brèche à celui de Góriz

Total des montées
250 m + 600 m de descente

Difficulté
Marche sur névé en début de saison.

Cartes
n° 24 Gavarnie-Ordesa, au 1/50 000
n° 1748 OT, Gavarnie-Luz, au 1/25 000

Accès routier
Voir itinéraires précédents.

Cuello del Descargador. Laisser le col à droite et prendre à flanc au-dessus de celui-ci une sente évidente qui file

LE DESCARGADOR

Il est ainsi nommé parce que, disait-on, les contrebandiers espagnols se déchargeaient de leur fardeau pour passer le relais aux contrebandiers de Gavarnie. Remarquez les cercles concentriques formés par les roches tout autour du pic del Descargador. Ce sont de véritables courbes de niveau créées par la nature.

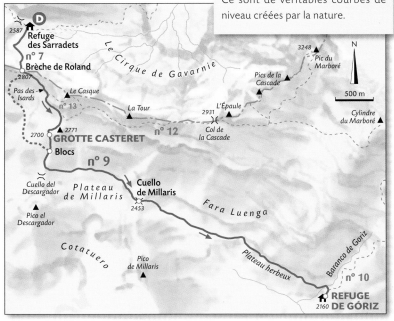

Errance pastorale

vers l'Est. Longer un plateau (Plana de San Ferlus ou plateau de Millaris pour les Français ; pluviomètre) jusqu'au…

2h15 **Cuello de Millaris,** 2453 m. Descendre alors (sente cairnée) en passant à droite un escarpement aboutissant à un nouveau plateau herbeux parcouru par les méandres d'un petit ruisseau.

Descendre un nouvel escarpement et se diriger vers le refuge, visible de loin. On traverse un petit ravin (barranco de Góriz) et on aboutit au…

3h30 **Refuge de Góriz** ou Gaulis, 2160 m. (Tél. 974 341 201, 72 places.)

DU REFUGE DE LA BRÈCHE AU REFUGE DE GÓRIZ SANS PRENDRE LE PAS DES ISARDS

Si l'on souhaite éviter le pas des Isards (aérien) ou que le secteur est encore enneigé, il est possible de descendre directement sous la brèche de Roland et de remonter ensuite aux abords de la grotte Casteret.

0h45 **Brèche de Roland,** 2807 m. Faire quelques pas vers la droite puis suivre très vite une sente qui descend en oblique dans la pierraille. Vous rejoignez vite le fond d'un thalweg,

légèrement à droite de la brèche. Suivre une bonne trace cairnée qui descend vers le sud, rive droite du vallon. Après avoir traversé une zone de calcaire très blanc, où la trace se perd au profit de cairns, vous parvenez dans une…

1h15 **Cuvette,** 2550 m, précédant le grand plateau de Millaris. Remonter ici à main gauche sur une croupe évidente, partagée entre herbe et cailloux. Plus haut (vers 2650 m), vous prenez pied sur une bonne sente cairnée issue de la grotte Casteret (située à 5 min à gauche). En la suivant à droite (sud), vous descendez vers le col du Descargador, où l'on retrouve le descriptif précédent.

3h30 **Refuge de Góriz,** 2160 m.

PASTORALISME

« Fanlo del Valle de Vió » qui est le nom complet a du son titre de « capitale » de la vallée à sa richesse pastorale : les vastes pâturages que nous avons parcouru (Goriz, Custodia, Las Traviesas, etc.) permettaient d'accueillir un grand nombre de troupeaux qui venaient par les cañadas reales depuis les plaines lointaines de l'Aragon jusqu'au pied du mont Perdu.

n° 10 **LE MONT PERDU** 3355 m
depuis Góriz

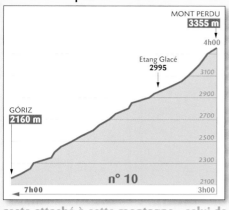

MONT PERDU
3355 m
4h00

Etang Glacé
2995

3100

2900

GÓRIZ
2160 m

2700

2500

2300

n° 10

2100

7h00
3h00

Troisième sommet des Pyrénées, c'est Ramond de Carbonnières, plus ou moins relégué à Tarbes, qui fit la première ascension « officielle » du mont Perdu. C'était le 10 août 1802. L'évènement eut un retentissement considérable, comparable à l'ascension de Saussure au mont Blanc. Le nom d'un autre découvreur reste attaché à cette montagne : celui de Schrader. Comme Ramond avait eu la révélation du mont Perdu depuis le sommet du pic du Midi, Schrader découvrit les sierras espagnoles de la cime du mont Perdu : « Il y a là des splendeurs ignorées et des formes nouvelles. Du col du mont Perdu, par-delà les premières montagnes, s'ouvre, à quelques kilomètres à peine, une région aussi merveilleuse que le premier plan est repoussant. Larges plateaux abreuvés de soleil, vastes ondulations de croupes lointaines, vallées brillantes, rochers plongeants à pic dans les rivières indécises, forêts, champs, prairies, villages à moitié cachés dans les profonds replis de terrain, voilà ce que l'on aperçoit ou ce qu'on croit apercevoir du haut de cet observatoire d'où le regard plane comme celui des aigles. »

Niveau
Randonneur

Horaire
4h00 + 3h00 = 7h00

Total des montées
1150 m

Cartes
n° 24, Gavarnie, Ordesa y Monte Perdido
n° 1748 OT, Gavarnie-Luz, au 1/25 000

Accès routier
Voir itinéraires précédents.

Etang glacé et canyon d'Arrazas depuis le col du Cylindre

0h00 Du **refuge de Góriz,** 2160 m, qu'on aura atteint par l'itinéraire n° 9, s'élever par des pentes herbeuses au-dessus du refuge, puis prendre nord-est la rive gauche d'un vaste vallon dont on franchit les ressauts successifs (itinéraire cairné) jusqu'à l'…

3h00 **Étang Glacé,** 2995 m, laquet minuscule dominé par les falaises ocres du Cylindre. De là, gravir au sud-est un couloir, assez raide sur la fin, qui mène au dôme sommital du…

4h00 **Mont Perdu,** 3355 m, pano-rama immense et très impressionnant, surtout sur les canyons de Niscle et d'Arrazas et la vallée de Pineta.

L'itinéraire est fréquenté ; cependant il ne faudra pas s'y engager si le couloir terminal est en neige dure et qu'on manque de pratique et/ou d'équipe-ment (piolet, crampons).

LA PUNTA CUSTODIA (2520 m), DEPUIS GÓRIZ (1h15)

Si l'on arrive tôt au refuge de Góriz, on peut avec profit faire l'ascension du superbe belvédère que constitue la Punta Custodia, au-dessus du col de Góriz. Pour cela, suivre à l'est le sen-tier balisé qui mène au col de Góriz en suivant des terrasses herbeuses, puis une pente d'éboulis jusqu'au col. Gravir ensuite une longue pente d'éboulis qui mène directement à la Punta, point culminant de la sierra Custodia.

Le sommet est marqué par deux superbes cairns qui voisinent avec de curieux vestiges de cabanes (?). Quels mystérieux gardiens ont vécu en ces lieux ?

Le canyon d'Arrazas depuis la punta Custodia.

n° 11 LE MONT PERDU 3355 m
par le nord

Niveau
Randonneur expérimenté

Horaire
*4h00 + 3h00 = 7h00 A et R à
Tuquerouye (cf. itinéraire n° 31)*

Total des montées
800 m

Accès routier
*À la sortie de Gèdre, prendre la direction
de Troumouse. Avant d'arriver aux
premières maisons de Héas, au niveau
d'un calvaire, bifurquer à droite vers
le barrage des Gloriettes. Remarquer
à gauche, au-dessus d'un gros bloc
du chaos, la Vierge de l'Araillé.*

*Refuge dans la brèche de Tuquerouye,
Mont Perdu au fond*

0h00 Brèche et **refuge de Tuquerouye**, 2666 m, atteint en suivant l'itinéraire n° 31. Descendre le couloir
sud (éboulis) vers le lac, que l'on va
longer vers la gauche (sente évidente).
Contourner le lac par l'est en suivant
les cairns au plus près du plan d'eau (un
petit ressaut facile de 2 m à escalader).
Parvenir ainsi à un mur rectiligne
bâti côté sud du lac Glacé. Descendre
ensuite rive gauche du déversoir pour
passer près d'un petit lac en contrebas
et filer au sud vers un plateau, que
l'on traverse en visant la base d'une
moraine de cailloux gris. Remonter sur

le fil de cette moraine en suivant une
bonne trace. Sur le haut, une traversée
vers la gauche (longtemps enneigée)
vous conduit au pied de la…

1h00 **Barre rocheuse** noirâtre,
dominée par le glacier du Mont-
Perdu. Progresser à gauche (sud-est)
sur une terrasse, sans se laisser attirer
par les deux premières cheminées
(souvent humides), sur une sente
cairnée. Bientôt, la terrasse s'aplanit
et, juste avant qu'elle ne s'abaisse,
la sente s'achève au pied d'une cheminée rocheuse, marquée de points

Mont Perdu

Col du
Cylindre

Cheminée

Moraine

Itinéraire d'accès au col du Cylindre

rouges (ressort rouge scellé au départ). Ascendante vers la gauche, sèche, elle ne pose pas de grande difficulté (II), mais des anneaux scellés permettent d'assurer les moins aguerris. Une fois atteint un premier replat (longtemps enneigé), poursuivre vers la gauche pour contourner un ressaut et découvrir le glacier du Mont-Perdu.

En prenant la direction du col du Cylindre (ouest), remonter les faibles pentes de neige (ou glace) vers la droite pour rallier une zone de rochers blancs récemment découverts par le glacier.

Une autre langue de neige précède la montée finale vers le col, très raide, sur neige ou fine pierraille éprouvante.

2h30 **Col du Cylindre,** 3100 m. Descendre en suivant vers l'ouest une corniche évitant une barre rocheuse, puis revenir (est) vers l'…

3h00 **Étang Glacé,** 2995 m. De là, remonter le couloir terminal jusqu'au…

4h00 **Mont Perdu,** 3355 m.

*Direction le col du Cylindre
depuis les abords du glacier médian*

n° 12 LE MARBORÉ 3248 m
depuis le refuge de la Brèche-Les Sarradets

Le Marboré constitue un belvédère incomparable entre France et Espagne. Du sommet, vaste plateau « sur lequel on pourrait faire manœuvrer un régiment » (Russell), la vue est incomparable tant sur le versant français – Gavarnie est 1900 m plus bas – que sur le versant espagnol et « sur les lointains vaporeux d'Espagne ».
Une autre possibilité, plus élégante, consiste à remonter nord-ouest

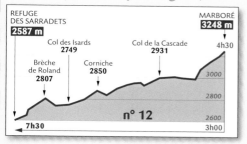

vers la crête entre l'Épaule et le pic Occidental de la Cascade, puis à suivre la crête parfois étroite mais facile des trois pics de la Cascade, et à poursuivre jusqu'au Marboré (2h15 du col de la Cascade).

Niveau
Randonneur expérimenté

Horaire
4h30 + 3h00 = 7h30 en A et R
depuis les Sarradets (cf. n° 6)

Total des montées
750 m

Cartes
n° 4, Bigorre, au 1/50 000
n° 1748 OT, Gavarnie-Luz, au 1/25 000

Accès routier
Depuis l'entrée de Gavarnie, suivre la route du col de Tentes (D 923, direction de la station des Especières) jusqu'à son terme.

0h00 Du **refuge de la Brèche-Les Sarradets,** 2587 m (se reporter à l'itinéraire 6), monter à la brèche de Roland (2807 m). De là, descendre sud-est en longeant les murailles du versant sud. On arrive au passage du pas des Isards, mince corniche équipée d'un câble auquel on se tient pour traverser ce pas, plus impressionnant que difficile*.

1h15 Du **col des Isards,** 2749 m, s'élever vers le grand entonnoir neigeux ouvert entre le Casque et la Tour. On remarque sous la Tour une corniche qui part à flanc vers l'est.

2h00 Emprunter cette **corniche,** 2850 m, qui s'élargit après 200 m de parcours. Suivre un cheminement cairné : 250 m plus loin, il permet de franchir la petite barre rocheuse du dessus (cheminée cotée II)**. Ensuite, s'élever est vers la crête frontière qui mène sans difficulté au…

3h00 **Col de la Cascade,** 2931 m. Ce large col, dominé par la falaise de l'Épaule de la Tour, dispense une vue impressionnante sur Gavarnie et le versant nord.
Du col de la Cascade, continuer vers l'est en longeant les escarpements de l'Épaule que l'on franchit en passant une barre rocheuse à son point faible (cairns). On débouche sur le fameux

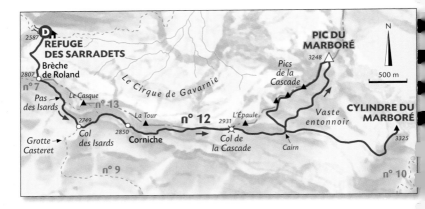

« vaste entonnoir presque toujours occupé par les névés » (R. Ollivier). S'élever nord par des névés ou des pentes d'éboulis jusqu'au…

4h30 **Pic du Marboré,** 3248 m.

ASCENSION DU CYLINDRE DU MARBORÉ, 3325 M, PD

Du « vaste entonnoir neigeux », se diriger à l'est vers un couloir de neige qu'on remonte jusqu'à un petit col (d'où un autre couloir descend vers l'étang Glacé). Escalader à gauche une cheminée rocheuse (II+) pour accéder aux pentes d'éboulis terminales. La descente peut nécessiter l'usage de la corde pour les moins expérimentés.

* En début de saison, le câble est souvent inaccessible à cause de la neige. Dans ce cas, il faut progresser sur une sorte de corniche de neige entre la rimaye près du rocher et des pentes de neige assez raides à droite.

** Évident depuis le bas, beaucoup moins au retour si le brouillard s'en mêle et si les cairns sont détruits. En début de saison, il est possible, au retour, de rejoindre le sommet de la Tour et de descendre par le couloir ouest de la Tour qui aboutit dans l'entonnoir neigeux précité.

Sur la crête frontière, non loin du col de la Cascade

Le Pas des Isards

n° 13a **LE CASQUE DU MARBORÉ** 3006 m
par la voie normale, depuis les Sarradets

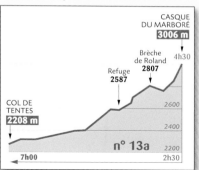

L'ascension au Casque du Marboré est un parcours déjà plus engagé que celui du Taillon et une bonne initiation aux montagnes aériennes du cirque de Gavarnie : névés raides en début de saison, passage aérien du pas des Isards, où il faut parfois faire la queue avant de le franchir (piolet, crampons en début de saison). L'horaire indiqué s'entend lorsqu'il n'y a pas d'attente au pas des Isards. On est récompensé de tous ses efforts par un magnifique et immense panorama au sommet.

Niveau
Randonneur

Horaire
4h30 + 2h30 = 7h00 (cf. itinéraire n° 6)

Total des montées
750 m

Difficulté
Passages aériens mais sans grandes difficultés.

Cartes
n° 4, Bigorre, au 1/50 000
n° 1748 OT, Gavarnie-Luz, au 1/25 000

Accès routier
Depuis l'entrée de Gavarnie, suivre la route du col de Tentes (D 923, direction de la station des Especières) jusqu'à son terme.

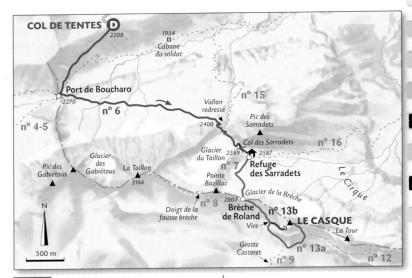

2h30 Du **refuge de la Brèche-Les Sarradets,** 2587 m, monter à la brèche de Roland (2807 m). De là, descendre S-E en longeant les murailles sud du Casque. On arrive au pas des Isards, mince corniche équipée d'un câble auquel on se tient pour traverser ce pas, plus impressionnant (mais photogénique) que difficile.

3h45 Du **col des Isards,** 2749 m (le col géographique *stricto sensu* est en réalité quelques mètres en contre-bas), s'élever vers le grand entonnoir neigeux (en début de saison) ouvert entre le Casque et la Tour. Une sente cairnée s'élève vers la gauche (N-O). Elle se poursuit vers l'ouest et atteint la crête au sud du Casque. Remonter cette crête facile malgré d'impressionnants abrupts à gauche et quelques rochers faciles où il faut mettre les mains.

4h30 **Casque du Marboré,** 3006 m. Compter 2h30 pour revenir au refuge.

Versant sud-est du Casque, emprunté par la voie normale

Col des Sarradets et Casque

n° 13b LE CASQUE DU MARBORÉ 3006 m
par la cheminée souterraine

Très beau belvédère, le Casque est assez facile d'accès par sa voie normale, à partir de la brèche. Les montagnards aguerris pourront aussi y accéder par un itinéraire original : en passant par la cheminée souterraine qui débouche dans les névés au-dessus des falaises méridionales. Ce passage n'est toutefois praticable que si les névés sont peu fournis. Sinon (en début de saison), ils peuvent obstruer la sortie. Le retour s'effectuera par le câble du pas des Isards.

Niveau
Randonneur expérimenté

Horaire
4h00 + 2h30 = 6h30

Total des montées
750 m

Difficulté
Un passage d'escalade (II), PD.

Cartes
n° 4 ,Bigorre, au 1/50 000
n° 1748 OT, Gavarnie-Luz, au 1/25 000

Accès routier
Depuis l'entrée de Gavarnie, suivre la route du col de Tentes (D 923, direction de la station des Especières) jusqu'à son terme.

0h00 Du **col de Tentes,** 2208 m, suivre l'itinéraire menant au refuge des Sarradets et à la brèche de Roland (itin. 6 – 7).

2h30 **Brèche de Roland,** 2807 m. De là, descendre sud-est en longeant les murailles du versant sud pendant 300 m environ. Remarquer à la base des murailles et au-dessus du sentier une vire d'éboulis qui se perd dans la muraille, sur la fin. La suivre horizontalement, puis s'élever directement vers l'entrée d'une grotte dominée par une paroi surplombante. C'est le départ de la cheminée souterraine.

Escalader en opposition le boyau vertical (II). (Hauteur de la falaise escaladée de l'intérieur : 40 m, soit un rappel de corde.) Attention : en début de saison, l'orifice de sortie peut être obstrué par la neige. Cette cheminée souterraine est le seul passage facile de ce côté.
Ce passage aboutit dans une cuvette rocheuse (névés ou éboulis).

S'élever à l'est vers un couloir (neige ou éboulis) qu'on escalade pour atteindre le contrefort Sud du Casque. Le suivre jusqu'au sommet.

- On peut aussi monter directement par l'itinéraire décrit par le *Guide Ollivier* : pente plus raide et plus impressionnante lorsqu'elle est en neige dure (Ollivier, *Haute Montagne Pyrénéenne*, Pau, 1937).

Itinéraires du versant ouest du Casque, vus de la Brèche

Le Casque

Itinéraire Ollivier

Cheminée

Pas des Isards

- On peut également passer par la crête ouest (à gauche) pour éviter le névé, assez raide en début de saison : franchir un petit ressaut (II) et traverser des éboulis à la base du névé supérieur pour rejoindre le contrefort sud.

4h00 Casque, 3006 m.

Le retour peut s'effectuer par la voie normale.

Descendre versant sud-est par des rochers faciles, puis par des éboulis (traces ; cheminement cairné). Descendre dans le vaste entonnoir neigeux (ou des éboulis) entre la Tour et le Casque. Rejoindre le col des Isards, puis suivre le câble du pas des Isards pour remonter à la brèche.

n° 14 LE PLATEAU DE BELLEVUE 1700 m
n° 15 LE REFUGE DE LA BRÈCHE-
LES SARRADETS 2587 m

depuis Gavarnie

Depuis Gavarnie village, voici l'accès le moins risqué au refuge des Sarradets (ou refuge de la Brèche). Le plateau de Bellevue, comme son nom l'indique, offre une vue grandiose sur le cirque de Gavarnie : Astazous, Marboré, les pics de la Cascade, l'Épaule du Marboré qui s'abaisse brutalement au col de la Cascade, les murailles de la Tour, puis le Casque. La brèche de Roland n'est pas visible, car elle est cachée par le pic des Sarradets. En revanche, on voit bien la grande Cascade et plus bas l'hôtel du Cirque, près du défilé rocheux où s'engouffre le gave.

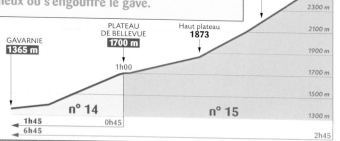

REFUGE DES SARRADETS **2587 m**
Sentier de Boucharo **2430** 4h00
Base éboulis **2200**
2300 m
2100 m
1900 m

PLATEAU DE BELLEVUE **1700 m** | Haut plateau **1873**
1h00
1700 m
1500 m
1300 m

GAVARNIE **1365 m**

n° 14 | 0h45 | n° 15
1h45
6h45 | 2h45

Sentier de Bellevue

Niveaux
Promeneur pour le plateau Bellevue
Randonneur pour le refuge

Horaires
1h00 + 0h45 = 1h45 pour le plateau Bellevue
4h00 + 2h45 = 6h45 pour le refuge

Total des montées
350 m pour le plateau Bellevue
1230 m pour le refuge

Cartes
n° 4, Bigorre, au 1/50 000
n° 1748 OT, Gavarnie-Luz, au 1/25 000

0h00 Village de **Gavarnie**, 1360 m. Suivre la rue qui monte à l'église. Elle se prolonge par un large chemin (l'antique *camino francès*, suivi par les pèlerins et les marchands se rendant en Espagne par le port de Boucharo). Le sentier s'élève ensuite vers l'ouest en deux séries de lacets (les Entortes) pour gagner le...

1h00 **Plateau de Bellevue,** qui mérite bien son nom, 1700 m. Laissant à droite la cabane de Pouey Aspé, traverser le plateau (sud-ouest) et se diriger le long du torrent vers un escarpement (Peyre Nère, c'est-à-dire la Pierre Noire) que le sentier franchit en corniche (pendant ce passage, on voit le Doigt de la Fausse brèche, au sud).

Lune au col de la Cascade

1h40 On débouche sur un **haut plateau,** 1873 m, à la sortie du défilé de Peyre Nère. Prendre à gauche le sentier du refuge des Sarradets. Il traverse le torrent de Pouey Aspé et s'élève en lacets le long d'une pente herbeuse pour franchir un ressaut de calcaire blanc. Arrivé au niveau d'un replat (2140 m), le sentier traverse le torrent du Taillon et s'élève rive droite.

2h40 Longer au sud-ouest la **base d'un éboulis** (2198 m) et remonter (sud) dans les pierrailles le long du torrent.

3h25 Retraverser le **torrent du Taillon** pour rejoindre le sentier venant de Boucharo (2430 m). Trente minutes après avoir franchi le torrent, dépasser le col des Sarradets (2589 m) pour parvenir au…

4h00 **Refuge de la Brèche-Les Sarradets,** 2587 m. Gardé de fin mai à fin septembre, 57 places, 06 83 38 13 24, propriété du CAF de Tarbes (05 62 36 93 23).

Le cirque depuis Bellevue

n° 16 LE REFUGE DE LA BRÈCHE-LES SARRADETS 2587 m
par l'échelle des Sarradets

L'échelle des Sarradets est certainement l'itinéraire le plus spectaculaire pour gagner le refuge des Sarradets, mais ce n'est pas le plus facile… Le guide Ollivier (édition de 1988) précisait : « Les personnes sans expérience qui veulent tenter cette très belle excursion devront se faire accompagner par un guide ou par un pyrénéiste averti. » Depuis cette époque lointaine, les choses n'ont guère changé. L'itinéraire, en effet, se faufile dans la muraille par une sorte de gouttière inclinée, entre deux falaises abruptes. Le Parc national, dérogeant à ses habitudes, a même balisé le trajet pour aider le randonneur. Mais on évitera quand même de s'y aventurer par temps douteux ou en présence de neige.

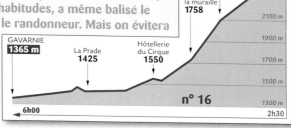

GAVARNIE 1365 m — La Prade 1425 — Hôtellerie du Cirque 1550 — Pied de la muraille 1758 — Premier gradin 2100 — REFUGE DE LA BRÈCHE 2587 m — 3h30

6h00 ← → 2h30

n° 16

2300 m — 2100 m — 1900 m — 1700 m — 1500 m — 1300 m

Grande Cascade

Niveau
Randonneur expérimenté

Horaire
3h30 + 2h30 = 6h00

Total des montées
1250 m

Difficulté
*Montée en dévers au-dessus d'une falaise abrupte, sur herbe et rochers.
Expérience et terrain sec de rigueur.*

Cartes
*n° 4, Bigorre, au 1/50 000
n° 1748 OT, Gavarnie-Luz, au 1/25 000*

Suivre l'itinéraire n° 17 jusqu'à l'…

1h10 **Hôtellerie du Cirque,** 1550 m. Traverser le torrent par une passerelle un peu en amont. Se diriger vers le fond du cirque, à droite, par un sentier à travers des éboulis.

1h45 Arrivé au **pied de la muraille,**

1758 m, on découvre le paysage : entre la muraille et une grande dalle inclinée à droite, s'élève le sentier rocheux de l'échelle des Sarradets qui se faufile à travers des barres rocheuses jusqu'au…

2h30 **Premier gradin** vers 2100 m. On remonte alors de longues pentes herbeuses puis rocheuses, dans le vallon des Sarradets, jusqu'au…

3h30 **Refuge de la Brèche** ou des Sarradets, 2587 m. Si vous choisissez de revenir à Gavarnie, compter 2h30.

Itinéraire de l'échelle des Sarradets, depuis l'Hôtellerie du Cirque

n° 17 LE CIRQUE DE GAVARNIE
en boucle par le Pailla

Le chemin que nous allons suivre passe sur la rive opposée au chemin classique. Il évite la grande foule et les cohortes de mulets des mois d'été.

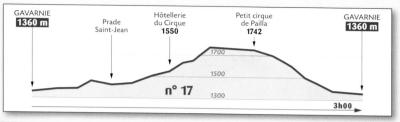

Niveau
Promeneur

Horaire
3h00

Total des montées
400 m

Cartes
n° 4, Bigorre, au 1/50 000
n° 1748 OT, Gavarnie-Luz, au 1/25 000

L'HÔTEL DU CIRQUE

Il est tenu par la famille Vergez, une grande famille de guides et d'hôteliers de Gavarnie. C'est, avec l'hôtel des Voyageurs, un des temples du pyrénéisme à Gavarnie. Pierre Vergez ouvrit en 1942 une voie d'escalade aujourd'hui classique dans le mur du cirque : la Castagné-Vergez. Il est aussi à l'origine du sentier que nous allons parcourir jusqu'au plateau de Pailla. Dans les falaises humides qui dominent le sentier, peu après le torrent, on remarquera une curieuse plante endémique des Pyrénées : *Pinguicula Longifolia,* ou grassette aux longues feuilles. Il s'agit d'une plante carnivore tout à fait curieuse. Fleurit également ici, en juin-juillet, la fameuse *Ramondia Pyrenaica.*

0h00 Village de **Gavarnie,** 1360 m. Prendre le chemin du cirque. Le chemin principal franchit le gave. Rester sur la rive gauche. Après les dernières maisons, s'élever vers un petit collet : passer à gauche du Turon de la Courade où reposent deux grands pyrénéistes, Schrader et Le Bondidier. Descendre un peu et pénétrer sur une vaste pelouse parsemée de pins, la…

0h20 **Prade Saint-Jean** (emplacement du théâtre en plein air). Traverser plusieurs torrents en direction du cirque. On arrive près du gave : le franchir par une passerelle à l'entrée de gorges. Remonter une croupe boisée qui aboutit sur le chemin du cirque, près d'un panneau d'information du Parc (circuit de découverte).

1h10 On arrive bientôt à l'**hôtellerie du Cirque,** 1550 m. Derrière l'hôtel du Cirque débute un petit sentier s'élevant en lacets vers le nord-est. Il traverse bientôt un torrent et passe entre deux falaises (passage en corniche protégé). Le trajet se poursuit à travers un bois de sapins et de hêtres (très beau parcours). Il débouche dans une clairière près d'un refuge ASPTT.

Sur la corniche d'Arribama

GRIMPER À GAVARNIE

Les escalades dans le cirque de Gavarnie se déroulent sur un rocher de qualité médiocre. Si l'on excepte les classiques du Mur et des Sarradets, la Nord-Ouest des Astazous, de nombreuses voies, aujourd'hui peu fréquentées, requièrent de la part du grimpeur une certaine accoutumance à la roche délitée, humide et aux passages herbeux.

Les éboulements ne sont pas rares à la suite d'orages et à la fin de l'hiver au moment du dégel. C'est la raison pour laquelle les services de secours demandent la plus grande prudence aux escaladeurs potentiels.

Comme l'écrivait R. Ollivier, c'est au grimpeur seul que se dévoile la beauté véritable de Gavarnie et, comme cela arrive parfois, certaines beautés ne sont pas dépourvues de danger...

La saison la plus favorable, selon le même auteur, commence début juillet et se termine fin septembre. Avant, les itinéraires sont parfois enneigés (le cirque est exposé au nord). D'autre part le rocher est très mouillé et les cascades abondantes. Après, on est à la merci d'une chute de neige qui fond rarement en versant nord. Néanmoins « des grimpeurs audacieux et très aguerris peuvent négliger ces limites ».

Le sentier franchit une passerelle et accède au pâturage du...

2h10 **Petit cirque de Pailla,** 1742 m. Bifurcation : laisser à droite le sentier qui monte vers le refuge des Espuguettes et continuer vers le nord par le sentier qui descend vers le bois de Pailla. On pénètre dans une belle forêt de hêtres et on redescend en lacet bien tracé par les Entortes de Pailla jusqu'au...

3h00 Village de **Gavarnie.**

n° 18 LE REFUGE DES ESPUGUETTES 2027 m
n° 19 LE PIMÉNÉ 2801 m
depuis Gavarnie

Le Piméné est un merveilleux belvédère qu'il convient de gravir au moins une fois dans sa vie. Le point de vue sur le cirque de Gavarnie est inoubliable, et Schrader en a tiré un fameux panorama. Les esthètes le graviront à l'aube pour profiter du lever du soleil, comme c'était autrefois la coutume. Pour cela, il conviendra de passer la nuit au refuge des Espuguettes et de partir trois heures avant le lever du soleil.

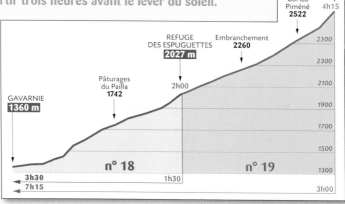

Niveaux
Marcheur jusqu'au refuge
Randonneur au Piméné

Horaires
2h00 + 1h30 = 3h30 pour le refuge
4h15 + 3h00 = 7h15 pour le sommet

Total des montées
700 m pour le refuge
1450 m pour le Piméné

Difficultés
Itinéraire non balisé mais facile.

Cartes
n° 4, Bigorre, au 1/50 000
n° 1748 OT, Gavarnie-Luz, au 1/25 000

Refuge des Espuguettes, dominé par les Astazous

0h00 Depuis **Gavarnie**, 1360 m, suivre le chemin du cirque jusqu'aux dernières habitations. Un petit parking, réservé aux habitants, se trouve à l'embranchement du sentier. Panneau du Parc national indiquant la direction du plateau de Pailla et du refuge des Espuguettes. Le sentier s'élève en lacet vers l'ouest (pénible par temps chaud). Au cours de la montée, un sentier secondaire permet de se rafraîchir près d'une cascade. On traverse un bois (hêtres et sapins) et on atteint les…

1h00 **Pâturages de Pailla**, 1742 m. De là, prendre le sentier du refuge des Espuguettes (à gauche, nord). Le sentier effectue de larges lacets en remontant une vaste croupe herbeuse pour atteindre le plateau où est édifié le…

2h00 **Refuge des Espuguettes**, 2027 m. (Tél. 05 62 92 40 63, 54 places l'été.) Au-dessus du refuge, suivre le sentier qui s'élève vers le sud jusqu'à la hourquette d'Alans (2430 m). On tra-

Refuge panoramique, des Astazous à la Brèche de Roland

500 m

Pâturages
de Pailla

REFUGE DES ESPUGUETTES

Plateau
de Bellevue

n° 17   n° 20   Pailla

Hourquette
d'Alans

verse le plateau des Cardous et on arrive sous une falaise à un…

2h40 **Embranchement** du sentier, 2260 m. Laisser à droite celui qui monte à la hourquette et prendre celui de gauche (nord).

3h20 Gagner le **col du Piméné**, 2522 m. Suivre le sentier vers le nord.

Il passe versant est, longe la crête en évitant un avant-sommet, le Petit Piméné (2667 m), puis rejoint la crête que l'on suit jusqu'au…

4h15 **Piméné**, 2801 m.

S'il subsiste de la neige sur les pentes terminales, faire très attention, pentes raides versant est.

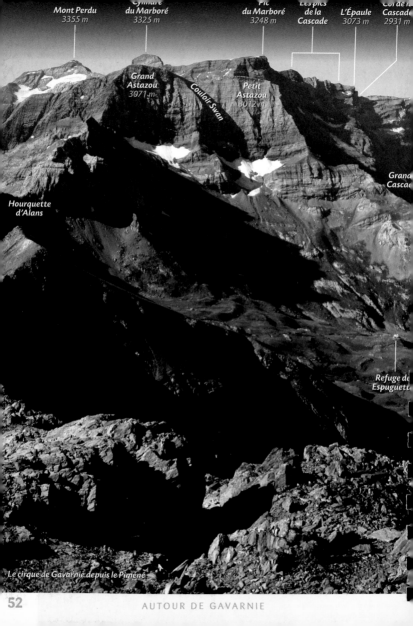

Mont Perdu
3355 m

Cylindre
du Marboré
3325 m

Pic
du Marboré
3248 m

Les pics
de la
Cascade

L'Épaule
3073 m

Col de la
Cascade
2931 m

Grand
Astazou
3071 m

Couloir Swan

Petit
Astazou
3012 m

Grande
Cascade

Hourquette
d'Alans

Refuge de
Espuguette

Le cirque de Gavarnie depuis le Piméné

AUTOUR DE GAVARNIE

Est-ce une montagne ? Mais quelle montagne a jamais présenté ces surfaces rectilignes, ces plans réguliers, ces parallélismes rigoureux, ces symétries étranges, cet aspect géométrique ?

Est-ce une muraille ? Mais quelle muraille, quelle architecture humaine s'est jamais élevée au niveau effrayant des neiges éternelles ?

Babel, l'effort du genre humain tout entier, s'est affaissée sur elle-même avant de l'avoir atteint.

Qu'est-ce donc que cet objet inexplicable ? C'est une montagne et une muraille à la fois… c'est Gavarnie.

Victor Hugo

Le Casque
3006 m

Brèche
de Roland
2807 m

Fausse
brèche
2909 m

Taillon
3144 m

Pic des
Gabiétous
3034 m

Port de
Boucharo
2270 m

Hotellerie
du Cirque

Plateau
Bellevue

Plateau
de Pailla

La Prade

Gavarnie

Plateau
d'Alans

n° 20 LES PICS D'ASTAZOU 3071 m
depuis Gavarnie

Cette course est d'un niveau un peu élevé pour des randonneurs moyens, mais à la portée de tout bon montagnard, ou bien de groupes encadrés par un professionnel. Le piolet, les crampons et la corde sont parfois nécessaires. La principale difficulté consiste dans le franchissement de la barre rocheuse qui défend le versant occidental du col d'Astazou. Elle constitue une bonne initiation à la haute montagne de Gavarnie, donne de très beaux aperçus sur le cirque et, si on fait le circuit par Tuquerouye, sur le versant nord du mont Perdu. Le cheminement est assez complexe et ne devra pas être entrepris par temps de brouillard.

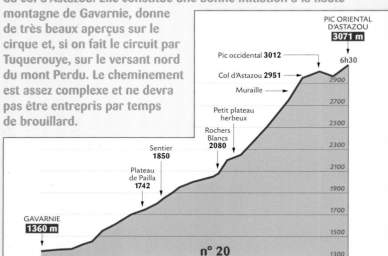

Niveau
Randonneur expérimenté (PD)

Horaire
6h30 + 4h30 = 11h00

Total des montées
1850 m

Cartes
n° 4, Bigorre, au 1/50 000
n° 1748 OT, Gavarnie-Luz, au 1/25 000

0h00 **Gavarnie,** 1360 m. Suivre l'itinéraire du Piméné (18-19) jusqu'au...

1h00 **Plateau de Pailla**, 1742 m. Laisser à gauche l'itinéraire du refuge des Espuguettes et la cabane du Pailla. Traverser le torrent et s'élever sud-est hors sentier jusqu'à l'extrémité sud du bois du Pailla, à travers bosquets et pelouses.

1h30 Rejoindre vers 1850 m le sen-

tier qui prend naissance à la corne de ce bois. Il s'élève à flanc et remonte plein sud vers l'intérieur du cirque. Après avoir passé plusieurs ravins secondaires, on aborde les...

2h15 **Rochers Blancs,** 2080 m, passage autrefois redouté car il était facile de s'y perdre, surtout par temps de brouillard. Suivre le passage, balisé à la peinture, qui demande quelque habitude de l'escalade rocheuse.

2h45 À sa sortie, traverser un **petit plateau herbeux** vers un escarpement (escalade facile). On s'approche du torrent, puis on franchit deux autres escarpements, rive droite.

Pour franchir la barre rocheuse suivante, il faut changer de rive, longer la base de la barre rocheuse et, une centaine de mètres après la cascade, suivre un cheminement cairné qui permet de la franchir. On se trouve alors sur d'immenses pentes d'éboulis ou de névés qu'on remonte jusqu'aux abords du col d'Astazou.

4h45 Une **muraille** défend les abords de ce col. Deux passages délicats permettent de la franchir. Sur la droite un couloir de neige qui n'est praticable qu'en début de sai-

L'itinéraire de traversée des Rochers Blancs

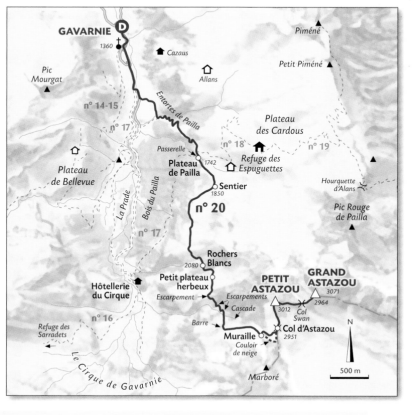

son, lorsque aucune crevasse ne vient l'interrompre (ce passage est le plus commode pour escalader le Marboré). Le passage le plus courant est à gauche. Il remonte la rive gauche d'un couloir rocheux et humide. Lorsque la muraille verticale interrompt définitivement le passage, suivre (de gauche à droite) une corniche aérienne qui domine cette muraille, puis revenir à gauche en escaladant quelques rochers pour aboutir sur de vastes pentes d'éboulis donnant accès à la…

5h30 Partie nord du **col d'Astazou,** 2951 m. Remonter des pentes faciles jusqu'au…

5h45 Pic occidental d'Astazou, ou **Petit Astazou,** 3012 m. Suivre l'arête étroite (corniches versant nord) vers le col Swan (2964 m). Continuer à

l'est par une arête étroite et aérienne conduisant au…

6h30 Pic oriental d'Astazou, ou **Grand Astazou,** 3071 m.

REMARQUE

On peut être tenté de dormir au refuge des Espuguettes pour effectuer la course en deux jours. Mais le refuge est mal situé car son implantation trop élevée nécessite soit une redescente vers la cabane de Pailla où l'on rejoint l'itinéraire décrit, soit une traversée fastidieuse hors sentier à travers le cirque du Pailla ou des Espuguettes (nommé ainsi à cause des petits abris naturels – espugues – situés dans les barres rocheuses). Il est plus logique, si on ne craint pas de descendre par le couloir de Tuquerouye enneigé, d'y faire halte au retour, en réalisant un circuit par Tuquerouye, la hourquette d'Alans et le refuge des Espuguettes.

Itinéraire d'accès au col d'Astazou

n° 21 **LE PLATEAU DE SAUGUÉ** 1610 m
n° 22 **LE COL DU POURTEILLOU** 2238 m

depuis Gavarnie

Le plateau de Saugué mérite une visite pour ses granges traditionnelles, ses prés bordés de murets de pierre, patiemment gagnés sur la lande environnante. Remarquer l'orientation nord-sud des granges pour résister au mauvais temps qui, lorsqu'il vient d'Espagne, souffle en violentes bourrasques.

Le gîte de Saugué est une ancienne grange restaurée avec goût. Toit de chaume et électricité solaire : le meilleur de l'ancien et du moderne ! Feu de bois dans la cheminée pour les mauvais jours et accueil chaleureux en toute occasion : deux bonnes raisons supplémentaires pour s'y rendre.

Le Pourteillou est en hiver une classique connue des skieurs de randonnée, et en été il permet au randonneur parcourant Saugué de découvrir une vue originale des sommets du cirque, depuis un curieux petit balcon qui domine la vallée d'Ossoue.

Niveaux
Promeneur pour Saugué
Randonneur pour le Pourteillou

Horaires
2h15 + 1h30 = 3h45 pour Saugué
4h15 + 2h30 = 6h45 pour le Pourteillou

Total des montées
250 m pour Saugué
950 m pour le Pourteillou

Cartes
n° 4, Bigorre, au 1/50 000
n° 1748 OT, Gavarnie-Luz, au 1/25 000

Accès routier
Gavarnie village. Pour le Pourteillou, on peut écourter la balade en partant directement du gîte de Saugué, accessible par une route (fléchée) qui grimpe sur la droite à la sortie de Gèdre.

0h00 **Gavarnie,** 1360 m. Du parking situé sur la route de montée à la station de ski, suivre la route jusqu'au pont de Genèbre (1377 m ; belle cascade à gauche), prendre de suite après le pont un sentier à droite, qui passe devant une maison. Le sentier franchit une clôture (bien refermer la barrière) et continue sa descente à travers d'anciennes prairies, vers le confluent du gave d'Ossoue et de Gavarnie.

0h15 On traverse le **gave d'Ossoue** par une passerelle de bois (sentier du Gypaète). Admirer au passage un

Le gave, sous Gavarnie

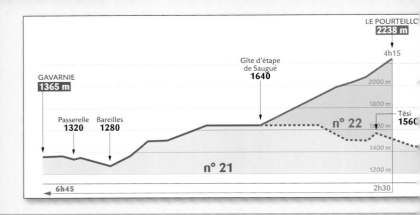

GAVARNIE
1365 m

Passerelle
1320

Bareilles
1280

n° 21

Gîte d'étape
de Saugué
1640

n° 22

LE POURTEILLO
2238 m

4h15

2000 m

1800 m

Tési
1560

1600 m

1400 m

1200 m

6h45

2h30

antique pont de pierre sur le gave de Gavarnie en contrebas (pont d'Artigouli). Le sentier remonte un peu pour franchir l'éperon rocheux du Soula de Sarre, puis redescend dans les noisetiers vers le gave, qu'il longe jusqu'au…

0h30 Hameau de **Bareilles,** entouré de vertes prairies (1300 m). Le sentier de Saugué se faufile entre deux maisons, gravit directement la pente entre deux murets de pierre, puis effectue quelques lacets en sous-bois.

0h45 **Prise d'eau** à 1375 m ; une seconde 5 min plus tard, avec une bifurcation du sentier (1410 m)* : prendre à gauche (sud) vers le promontoire de Tési. Après une traver-

sée ascendante vers le sud (marques jaunes sur des rochers), on arrive sous un escarpement noirâtre dominé par un pylône. On rejoint là un autre sentier (panneaux indicateurs). Prendre à droite (nord) vers le plateau et les granges de Saugué.

1h45 Gagner les **premières granges** où l'on rejoint une piste carrossable. Légèrement montante puis sensiblement horizontale, elle conduit en 1,5 km au…

2h15 **Gîte d'étape de Saugué,** 1610 m (tél. 05 62 92 48 73, 30 places de Pâques à la Toussaint).

Plateau de Saugué

GAVARNIE
365 m

LE PLATEAU DE SAUGUÉ – LE COL DU POURTEILLOU

Hameau de Bareilles

Pour rejoindre le Pourteillou, s'élever direction ouest, puis sud-ouest à travers pâturages. Au niveau d'un replat (2040 m) on découvre le col surmonté d'une falaise de couleur rougeâtre, les pentes se redressent à proximité du col. Une courte montée dans un éboulis donne accès à la...

4h15 **Brèche du Pourteillou,** 2238 m.

Au niveau du col la vue est limitée, il faut descendre une cinquantaine de mètres jusqu'à un petit balcon au pied d'une belle falaise dolomitique (ou gravir au sud-est une éminence cotée 2277 m) pour découvrir les sommets du cirque de Gavarnie.

Il existe deux autres sentiers pour gagner les granges :
- un sentier direct qui remonte une côte rocheuse puis des prés en pente, mal entretenus ;
- un sentier marqué en rouge sur les cartes qui n'est plus maintenu en bon état.

DESCENTE PAR LE GR 10

Pour une vue plus complète du cirque, il est possible de descendre sur Gavarnie en suivant une portion du GR 10. Pour cela, gagner le promontoire de Tési par le sentier de grande randonnée qui suit la ligne à haute tension, puis descendre vers la route de la vallée d'Ossoue que l'on suit jusqu'au point de départ, le pont et le parking de Genèbre.

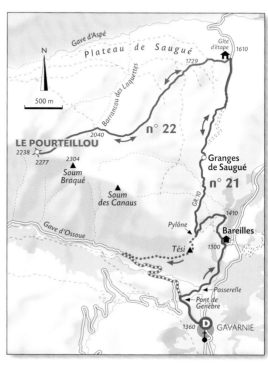

n° 23 LES LACS DE CESTRÈDE 1962 m
ET D'ANTARROUYES 2009 m
n° 24 LE LAC NOIR 2334 m
n° 25 LE BELVÉDÈRE DE CAUBAROLE 1979 m
depuis le parking de Bué

Les lacs de Cestrède et d'Antarrouyes sont accessibles à tout bon marcheur. Le lac Noir est réservé aux randonneurs et montagnards capables de s'orienter hors sentier et habitués aux pentes raides, du moins pour pratiquer le raccourci que nous décrivons ici. Le pic du Lac Noir est rarement gravi car il présente des difficultés d'escalade. Aussi il est déconseillé de s'aventurer sur ses arêtes, à moins d'être accompagné d'un bon guide.

La randonnée aux premiers lacs suffira néanmoins à satisfaire la curiosité du randonneur : source sulfureuse, résurgence et belle cascade de Soutarra jalonnent l'itinéraire de montée. Le lac de Cestrède, dans son écrin de verdure, et le lac d'Antarrouyes, juché sur son balcon de granit au pied de l'énigmatique ravin du lac Noir, séduiront tous les amateurs de nature sauvage.

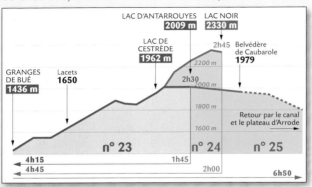

Lac d'Antarrouyes aux premières neiges

Niveaux
Marcheur pour le lac d'Antarrouyes
Randonneur pour le lac Noir et Caubarole

Horaires
2h30 + 1h45 = 4h15 pour le lac
d'Antarrouyes
2h45 + 2h00 = 4h45 pour le lac Noir
2h50 + 2h00 = 4h50 pour Caubarole
(ou 6h50 pour retour en boucle)

Total des montées
600 m pour le lac d'Antarrouyes
1050 m pour le lac Noir
620 m pour Caubarole

Cartes
n° 4, Bigorre, au 1/50 000
n° 1748 OT, Gavarnie-Luz, au 1/25 000

Accès routier
Depuis Gèdre, prendre la direction de Gavarnie. À la sortie du village, bifurquer à droite vers Ayrues-Bué. Dépasser le hameau de Ayrues et continuer à gauche par une piste pastorale jusqu'au terminus.

Coueyla de Caubarole (la Munia au fond)

0h00 **Parking de Bué,** 1436 m. S'élever à gauche (rive droite) à travers des pelouses en direction de l'orée du bois. On rejoint là un sentier bien marqué qui passe à côté d'anciennes granges. Au-dessus des granges de Bué, laisser à gauche un sentier qui monte à travers la forêt. Traverser une passerelle sur le torrent de l'Oule : à gauche en contrebas, petite source sulfureuse.

Le sentier remonte le fond de la vallée. Belle vue sur la cascade du Soutarra à droite, issue des lacs de Cestrède et d'Antarrouyes. (Le débit a bien diminué par suite du captage d'une partie des eaux.)

0h45 Vers 1650 m le sentier entame une **série de lacets** avant de franchir un escarpement à droite. Petit replat herbeux : sur la droite en contrebas, entre le confluent des torrents et la cascade de Soutarra, se trouve la perte puis la résurgence de Soutarra. Prise d'eau. Le sentier pénètre dans une gorge et franchit le torrent par une passerelle métallique. En quelques minutes, on est au...

2h00 **Lac de Cestrède,** 1962 m. La cabane de Cestrède se trouve derrière

LE CANAL DE CAUBAROLE

En patois, *era aguera de caoubarole,* il conduisait l'eau du lac d'Antarrouyes aux prairies d'Arrode et plus bas au hameau de Sia. Long de douze kilomètres, d'après Marcelin Bérot, sur un dénivelé de 1200 m, c'était le plus bel ouvrage de ce type dans la vallée. Selon la tradition, il fut construit par des bagnards. Si ce n'est pas vrai, en tout cas sa réalisation fut certainement un travail de forçat !

Le belvédère de Caubarole était autrefois un coueyla (abri de bergers) : pour les amateurs d'archéologie rurale, on y trouve encore les ruines d'une cabane devant laquelle on pourra voir un bel exemple de pierre à cupules, ouvrage encore mystérieux, remontant à la plus haute Antiquité, et un abri sous roche entouré de son parc à moutons.

une butte herbeuse au nord, à 200 m environ. (Source à proximité : 50 m à l'ouest de la cabane, en descendant.) Pour atteindre le lac d'Antarrouyes, suivre le sentier horizontal qui, de la cabane, passe dans un défilé rocheux, puis en corniche vers le torrent (un peu aérien).

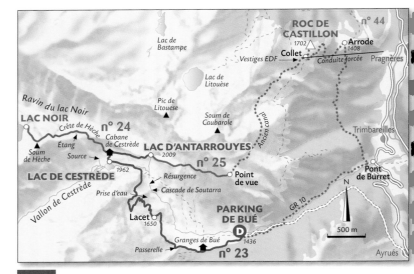

2h30 **Lac d'Antarrouyes,** 2009 m, sur un balcon rocheux, au pied du pic de Litouese. À gauche (ouest), débute le ravin du lac Noir, immense gouttière encombrée d'énormes blocs de granit, produits de l'érosion.

LE LAC NOIR OU D'AYGUE NEGRE

2h00 De la **cabane de Cestrède,** les montagnards pourront accéder au lac Noir (hors sentier). Remonter un couloir raide par l'éperon qui le borde à gauche. On aboutit sur des pentes encombrées d'éboulis, puis on atteint un curieux petit étang rempli d'algues. Remonter une croupe qui va du lac d'Antarrouyes au lac Noir (crête de Hèche-Longue). À travers un « dédale de bosses rocheuses et de monticules herbeux » (Meillon), on arrive sous le soum de Hèche, éperon inférieur du pic du lac Noir. En redescendant un peu, gagner la…

2h45 Rive chaotique du **lac Noir,** « œil de Cyclope dans une orbite décharnée » d'après G. Raynaud, 2334 m.

LE BELVÉDÈRE DE CAUBAROLE

2h30 Du déversoir du **lac d'Antar-rouyes,** 2009 m, suivre vers l'est un sentier en corniche qui longe l'ancien canal de Caubarole. Pratiquement plat, il conduit en 1 km à un…

2h50 Replat situé sur l'éperon descendant du **soum de Caubarole,** 1979 m, d'où la vue est magnifique sur les vallons et les montagnes de la rive droite du gave : Néouvielle, Turon, pic Long, Aguillous et cirque de Troumouse.

DESCENTE PAR LE CANAL DE CAUBAROLE

Les randonneurs expérimentés (et disposant d'une deuxième voiture au pont de Burret à Trimbareilles… ou de bonnes jambes) peuvent descendre par l'ancien canal de Caubarole (non entretenu : hautes herbes parfois gênantes) qui conduit en deux kilomètres au…

4h00 **Collet du Roc de Castillon,** 1702 m. De là un sentier balisé descend au…

4h30 **Plateau d'Arrode** (grange restaurée à gauche). On croise alors le chemin de Saint-Jacques récemment restauré (1408 m) (voir rando n° 44) qui ramène vers le sud au…

5h30 Hameau de **Trimbareilles** (pont de Burret, 1000 m). De la maison du pont de Burret, un sentier

SULFUREUX

Les sources sulfureuses froides (17,5°) sont connues depuis longtemps sous le nom d'aygue de Bué ou det Lémédé. Signalées dès 1859, elles n'ont jamais fait l'objet d'un captage quelconque et seuls les habitants du pays en font usage pour certaines cures dont les résultats sont appréciés.

LA RÉSURGENCE DE SOUTARRA

Il s'agit d'une curiosité naturelle ; située en amont de la cascade de Soutarra, en contrebas de la prise d'eau, les eaux du gave de Cestrède disparaissent dans une perte, laissant à sec l'ancien lit du torrent, où furent construits une cabane et un parc à moutons. Soixante-dix mètres plus bas, les eaux réapparaissent pour former la belle cascade qu'on voit pendant la montée.

(balisé GR 10) remonte la rive gauche du gave de Cestrède jusqu'à…

6h50 **Bué.**

Panorama depuis le canal de Caubarole, vers Soum de Male et Cestrède

Cet itinéraire traditionnel de montée aux estives a été baptisé récemment sentier Ramond, en hommage au savant Ramond de Carbonnières qui fit la première « officielle » du mont Perdu, en 1802. En réalité il avait été précédé par ses guides Rondou et Laurens, conduits eux-mêmes par un berger espagnol rencontré par hasard. Ce berger espagnol dont l'histoire a oublié le nom avait été le guide de l'officier géodésien espagnol Vicente de Heredia qui œuvrait à la carte des Pyrénées en collaboration avec l'officier français Junker. Heredia et/ou son guide furent les premiers ascensionnistes oubliés du mont Perdu en 1792.

Vexé d'avoir été devancé par ses guides, Ramond, qui s'était employé à démontrer que le mont Perdu était inaccessible, passant la première ascension sous silence et dénigrant la seconde, fit le récit de son ascension comme étant la première et entra dans l'histoire. Rondou (que Ramond écrivait Rondo) eut une revanche posthume : Beraldi, un siècle plus tard, rétablit la vérité dans un ouvrage tiré à petit nombre : Le Sommet des Pyrénées (1925). Et Jean-Pierre Rondou, descendant du guide, devint instituteur à Gèdre et savant reconnu dans divers domaines. L'œuvre monumentale qu'il rédigea est pieusement conservée aux Archives départementales et récemment mise en ligne sur le net…

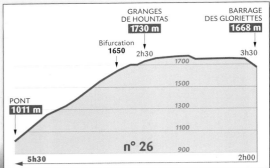

Les granges de Coumély

Niveau
Marcheur

Horaire
3h30 + 2h00 = 5h30

Total des montées
800 m

Cartes
n° 4, Bigorre, au 1/50 000
n° 1748 OT, Gavarnie-Luz, au 1/25 000

Accès routier
Gèdre-village.

0h00 Entre le **pont sur le gave** de Héas, 1011 m (hôtel de la Grotte), et l'église, démarre à gauche un sentier avec l'indication « Plateau de Coumély ». Prendre cette direction. Le sentier traverse trois fois la route, puis s'élève à travers le bois de Coumély (pente assez raide). Clairière, panorama.

Vers 1550 m, le sentier sort du bois (direction sud-est) et longe la lisière (vestiges de travaux de captages EDF ; eau potable en contrebas du sentier, bac en ciment).

2h00 **Bifurcation,** 1650 m. D'ici, deux possibilités :

1. À gauche (sud-est) le sentier Ramond direct. Il passe sous les granges de Coumély, puis par la grange de la Séoube pour rallier le...

3h00 **Barrage des Gloriettes,** 1668 m.

2. À droite, au prix d'un petit détour, on peut, en contournant le petit sommet herbeux du Tuco (1743 m), aller visiter les granges de Hountas et la source abondante qui leur a donné leur nom (hountas, en patois : la « grosse source »).

2h30 **Granges de Hountas,** 1730 m. Source abondante, très bonne halte, un peu à l'écart. De là, revenir vers le Tuco et suivre une piste herbeuse qui conduit à flanc vers le sud-est (2,5 km). On passe successivement près des granges restaurées de

cabane Blanque (1777 m), de la source captée de Hount Blanque (très froide), puis des granges de Gargantas (source captée et, semble-t-il, réservée à l'usage d'une grange restaurée). On arrive enfin en descendant un ressaut au...

3h30 **Barrage des Gloriettes,** 1668 m.

Retour par le sentier Ramond.

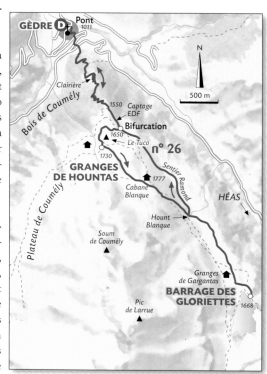

n° 27 LA CABANE DU SAUSSET 1935 m
n° 28 LE PIC DE CAMPBIEILH 3173 m
par le pont des Grabassets

Au seuil de la vallée du Campbieilh, sur le flanc gauche, se trouve un quartier de granges fort délabrées, où vécut un auteur local (Louis Porte-Labit) qui composait des poèmes et des chansons. Il passait une partie de l'hiver dans une grange qui fut un jour recouverte par l'avalanche.

« Heureusement, écrit-il dans son journal, cette avalanche descend en petites quantités et la cabane robuste soutient bravement le choc. Le 18 janvier 1887, l'avalanche couvrit la surface entière de la cabane, ne laissant qu'une petite ouverture sur le côté de Midi pour sortir et entrer. » Au-dessus de l'Estaret, les pâturages se nomment Estibère Bonne car l'accès est facile pour les troupeaux et l'herbe de bonne qualité. À l'inverse, on a, plus en amont de la vallée, l'Estibère Male, difficile d'accès et pauvre en herbe. Au pied de ce cirque, de nombreuses marmottes ont élu domicile dans les chaos de pierres qui parsèment les pentes. Le cirque d'Estibère Male est dominé par le pic Long (3192 m) que beaucoup d'auteurs considèrent comme le sommet le plus élevé situé entièrement en France.

Au fond de la vallée (est), le port de Campbieilh donne accès à la vallée d'Aure (par Piau-Engaly, Aragnouet). Sur l'autre versant (sud) se trouve le petit lac de Bassia, le seul de cette vallée.

0h00 **Parking.** Prendre le sentier, 1200 m, qui domine le torrent à gauche puis, en quelques lacets, s'élève jusqu'à des granges. Croisement avec, à droite, un sentier venant du pont de Peyregnet. La pente devient moins raide et le sentier longe des prés à gauche. Il pénètre bientôt dans une belle forêt de hêtres.

La pente se redresse, mais le sentier est bien tracé et la futaie majestueuse. Le plus dur est fait. Le sentier part en traversée et l'on sort du bois à proximité du torrent du Campbielh.

1h20 **Pont des Grabassets,** 1630 m. Passer sur l'autre rive et longer le

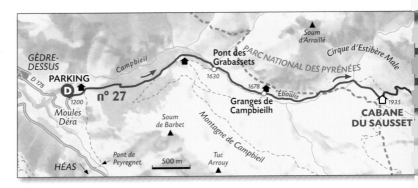

Niveaux
Marcheur jusqu'à la cabane
Randonneur expérimenté ensuite

Horaires
2h15 + 1h30 = 3h45 pour la cabane
du Sausset
6h00 + 4h00 = 10h00 pour le pic
de Campbieilh

Total des montées
700 m pour la cabane du Sausset
2000 m pour le Campbieilh

Cartes
n° 4, Bigorre, au 1/50 000
n° 1748 OT, Gavarnie-Luz, au 1/25 000

Accès routier
À l'entrée du village de Gèdre en venant
de Luz, prendre à gauche la D 178
en direction de Gèdre-Dessus.
Aller jusqu'au terminus de la route,
à trois kilomètres. Petit parking.

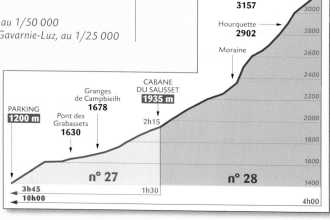

torrent à travers prés jusqu'au groupe
principal de…

1h30 Granges de Campbieilh,
1678 m. Joli pont de pierres sur le
torrent avec sentier pavé bordé de
murets de schistes.
Pour avoir un aperçu plus complet
de la vallée, on peut monter jusqu'à
la cabane du Sausset, au seuil du

cirque d'Estibère Male d'où tombe
une belle cascade. Pour cela, continuer rive gauche. Le sentier traverse
une zone d'éboulis. Gravir un ressaut.
On arrive au seuil du Parc national.
À gauche, cirque et cascade d'Estibère
Male. Cent mètres plus haut, sur

Près du sommet

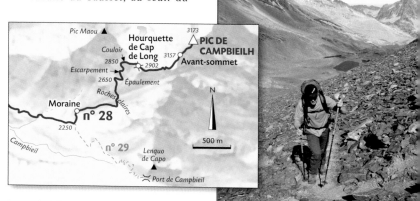

Gèdre-Dessus

un plateau, un peu cachée par une moraine, se trouve la…

2h15 **Cabane du Sausset,** 1935 m. Les marcheurs redescendront en 1h30. De là, rejoindre le sentier du port de Campbielh. Il franchit un ressaut et aborde un plateau dominé à gauche par une sorte de cirque dont l'accès est défendu par des escarpements. Repérer le point faible qui se situe vers le milieu entre deux escarpements de rochers clairs.

3h15 Quitter le sentier, 2250 m, et remonter à gauche (nord) une **moraine** vers ce passage situé entre deux bandes de roches claires. Après avoir franchi ce premier escarpement, remonter des pentes herbeuses en obliquant sur la gauche (est-nord-est) vers un épaulement, à la limite d'une grande pente d'éboulis, vers 2650 m. On trouve là un cheminement plus ou moins bien cairné qui s'élève entre un cirque d'éboulis à droite et un couloir rocheux à gauche. Franchir cet escarpement.

On débouche, vers 2850 m, dans une partie moins raide, une sorte de couloir peu incliné constitué d'éboulis. Le suivre jusqu'au vaste col désigné sur les cartes comme la…

5h00 **Hourquette de Cap de Long** ou de Badet, 2902 m. De là, suivre la large crête d'éboulis vers l'Est jusqu'à un…

5h40 **Avant-sommet,** 3157 m. Large terrasse. Obliquer au nord et suivre la crête en pente douce jusqu'au…

6h00 **Pic de Campbieilh,** 3173 m.

Les crêtes de Gavarnie depuis la Hourquette de Cap de Long

n° 29 LE PIC DES AGUILLOUS 2976 m
par la cabane du Sausset

« A glorious view ». C'est ainsi que Charles Packe, pyrénéiste anglais du XIXᵉ siècle, qualifia le panorama qu'il découvrit en arrivant au sommet. C'est à peu de choses près le même qui s'offre à nous, exception faite des créations récentes que sont le barrage des Gloriettes et la nouvelle route de Troumouse. L'accès au port de Campbielh est très facile, mais un peu plus long que par le versant de Piau-Engaly. Ce léger désagrément est largement compensé par l'aspect plus sauvage et non dénaturé du versant de Gèdre-Dessus. C'était en outre le passage emprunté par les premiers pyrénéistes et par les passeurs de la dernière guerre pour atteindre l'Espagne par le port de Barroude.

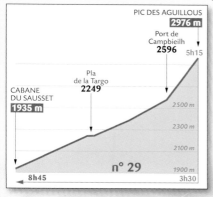

Au sommet des Aguillous

Niveau
Randonneur

Horaire
5h15 + 3h30 = 8h45

Total des montées
1780 m depuis Gèdre-Dessus

Difficulté
*Aucune, sauf la longueur
et le dénivelé.*

Cartes
*n° 4, Bigorre, au 1/50 000
n° 1748 OT, Gavarnie-Luz, au 1/25 000*

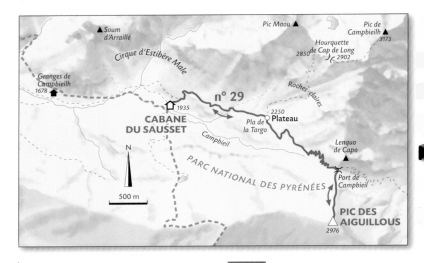

Suivre l'itinéraire n° 27 conduisant de Gèdre-Dessus à la cabane du Sausset.

2h15 **Cabane du Sausset,** 1935 m. Continuer par le sentier du port de Campbieilh. Il franchit un ressaut (est) jusqu'à un…

3h15 **Plateau** (Pla de la Targo), 2250 m. Laissant à gauche l'itinéraire (hors sentier n° 28) du pic de Campbieilh, continuer par le sentier du Parc national qui gravit en de multiples lacets le ressaut final.

4h15 **Port de Campbielh,** 2596 m, antique passage pastoral et de passeurs vers la haute vallée d'Aure. Gravir les pentes terminales, raides mais faciles, par un sentier bien tracé à travers la pierraille. Il donne accès à la crête sommitale.

5h15 **Pic des Aguillous** (ou soum des Salettes), 2976 m. Panorama immense : du cirque de Troumouse au Vignemale, en passant par le mont Perdu et les sommets de Gavarnie.

Soum des Tours et Vignemale (au fond)

n° 30 LE CIRQUE D'ESTAUBÉ 1830 m
n° 31 LA BRÈCHE DE TUQUEROUYE 2666 m
depuis les Gloriettes

Estaubé est le plus petit des trois cirques, mais sa modestie le pare d'un charme qui manque à ses voisins. Ici, rien d'imposant, mais une certaine quiétude pastorale. Vaches et moutons y profitent de la belle saison et on se laisse prendre par la paix de ces hauts lieux. C'est par le couloir que l'on aperçoit au milieu de la muraille (couloir de Tuquerouye) que Ramond de Carbonnières fit ses premières tentatives pour gravir le mont Perdu en 1797 (depuis le barrage, le sommet est visible à l'arrière-plan). À l'époque, ce couloir restait enneigé tout l'été. Lors de la deuxième ascension, Ramond y rencontra de grandes difficultés à cause de la raide pente de glace qu'il dut franchir. Aujourd'hui, la brèche de Tuquerouye est pourvue d'un refuge restauré et la vue est superbe sur le lac Glacé et sur la face nord du mont Perdu.

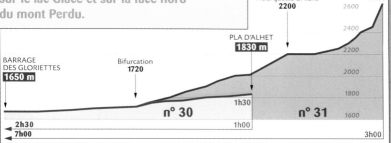

Niveaux
Promeneur pour le cirque
Randonneur expérimenté pour la brèche

Horaires
1h30 + 1h00 = 2h30 pour le cirque
4h00 + 3h00 = 7h00 pour Tuquerouye

Total des montées
200 m pour le cirque
1050 m pour la brèche

Difficultés
Traversée entre l'Aguila et Troumouse comportant des passages hors sentier. Ne pas y aller par temps de brouillard

Cartes
n° 4 Bigorre, au 1/50 000
n° 1748 OT, Gavarnie-Luz, au 1/25 000

Accès routier
À la sortie de Gèdre, prendre la direction de Troumouse. Avant d'arriver aux premières maisons de Héas, au niveau d'un calvaire, bifurquer à droite vers le barrage des Gloriettes. Remarquer à gauche, au-dessus d'un gros bloc du chaos, la Vierge de l'Araillé.

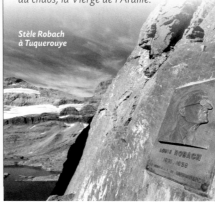

Stèle Robach à Tuquerouye

0h00 Parking du **barrage des Gloriettes,** 1650 m Gagner la partie supérieure de l'ouvrage d'où l'on découvre le plan d'eau. Belle vue sur la vallée, au nord, et sur les murailles du cirque, au sud. Passer sur le barrage. Continuer sur environ 150 m vers la pointe aval du lac. Là, prendre le sentier se dirigeant vers le sud. Il longe la rive ouest du lac, franchit bientôt une barrière et suit la rive gauche du gave d'Estaubé.

1h00 Après une marche d'environ trois kilomètres, **bifurcation,** 1720 m. Quitter le sentier qui monte vers la hourquette d'Alans et prendre celui qui traverse le cours d'eau et conduit, en cinq minutes, à la cabane d'Estaubé (1765 m). Source à proximité (parfois à sec à la fin de l'été). Continuer rive droite par un sentier peu marqué, mais sans difficulté. La dénivelée est faible. On arrive bientôt au…

TRÈFLE

Réglisse de montagne est le nom usuel du trèfle alpin, espèce aux fleurs mauve ou rose qui pousse sur les pelouses d'altitude. Nous en trouvons en grande quantité sur les pâturages du cirque. La racine est assez difficile à extraire et elle s'enfonce profondément sous terre. Elle a cette particularité d'avoir un goût sucré et agréable rappelant celui de la réglisse. Baniu est le nom gascon de cette plante.

1h30 **Pla d'Alhet** qui est le fond du cirque, 1830 m.

LA BRÈCHE DE TUQUEROUYE

Lorsque le couloir de Tuquerouye est déneigé, son ascension ne comporte pas de difficulté technique, sinon une pente raide en éboulis.

1h00 Peu avant la **passerelle** de la cabane d'Estaubé, suivre le sentier qui monte, 1750 m.

2h30 Il rejoint le **chemin** de la hourquette d'Alans (2200 m). Peu après, en vue de la borne de Tuquerouye, il bifurque. Monter à droite vers un petit col entre la borne et la paroi (2431 m). Remonter le couloir par une sente entre les éboulis jusqu'à la…

4h00 Brèche et le **refuge de Tuquerouye**, 2666 m (11 places).

ROUGE

Le couloir de Tuquerouye est bordé en bas et à droite par un monolithe en forme de cône qu'on appelle la borne de Tuquerouye. Tuque rouye signifie littéralement « le piton rouge ». Il existait, au pied de la montagne, un gisement de terre ocre rouge qui servait aux bergers à fabriquer de la teinture pour marquer les moutons. Ramond signale cet usage dans son récit, et Meillon le rappelle dans ses Excursions autour du Vignemale. Il signale également d'autres gisements près du pic Rouge de Pailla. La toponymie n'est donc pas le fait du hasard.

Lac glacé, Mont Perdu et Cylindre depuis la brèche de Tuquerouye

n° 32 LE MOUNT-HERRANT 2783 m
depuis le Maillet, par les rochers de Chourrugues (voie Poulou)

Le Mount-Herrant (ou mont Ferrant) est le premier sommet occidental du cirque de Troumouse, il repose sur un socle de calcaire blanc (rochers de Chourrugues) qui l'enserrent de tous côtés sauf vers le sud ; c'est en outre un très beau belvédère sur le mont Perdu

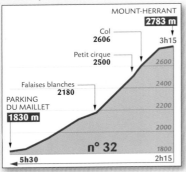

et la Munia, de par sa position avancée. Par contre, aucune de ses voies d'accès n'est vraiment facile. On peut y accéder par les Gloriettes (voie assez longue sur pentes raides) ou par Troumouse (plus court, mais plus impressionnant). Ce dernier accès est assurément le plus beau et le plus original, mais il comporte un court passage assez aérien.

Niveau
Randonneur expérimenté

Horaire
3h15 + 2h15 = 5h30

Total des montées
1000 m

Difficulté
Des passages d'escalade peu difficile (PD). Matériel : 1 corde de 30 m (7 mm), 2 anneaux, mousquetons.

Cartes
n° 4, Bigorre, au 1/50 000
n° 1748 OT, Gavarnie-Luz, au 1/25 000

Accès routier
Depuis Gèdre, prendre la direction du cirque de Troumouse. Dépasser le péage d'Héas et se garer au parking du Maillet.

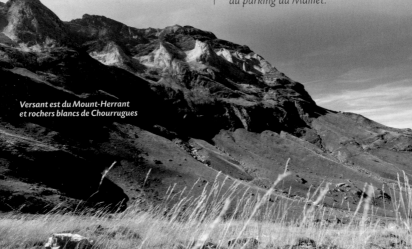

Versant est du Mount-Herrant et rochers blancs de Chourrugues

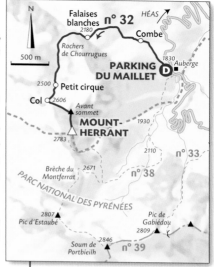

0h00 Depuis le **parking du Maillet**, 1830 m, à côté de la petite retenue d'eau, suivre un sentier vers le nord.

0h20 Après avoir traversé des pelouses parallèlement à la route, remonter une petite **combe** parcourue par un ruisseau. S'élever nord-ouest jusqu'à une falaise de rochers rougeâtres que l'on contourne par la droite (sente).

0h40 Remonter une **large crête** gazonnée, puis un pierrier vers le sud en direction de la…

1h00 Base des **falaises blanches** qui ceinturent le Mount-Herrant : les rochers de Chourrugues, 2180 m). C'est là que commence le passage aérien de Chourrugues.

Remarquer en haut du pierrier une petite sente qui s'approche de la base des falaises. La suivre et s'engager sur une petite vire qui s'élargit un peu et vient buter contre quelques piquets de fer (qui ne sont pas le début d'une via ferrata, mais interdisent l'accès du passage aux moutons). Enjamber la clôture et suivre le passage cairné ; il passe une vingtaine de mètres au-dessus d'un gros rocher isolé, puis vient buter devant une large dalle lisse et inclinée qu'il vaut mieux contourner par le bas. Au bout de quelques mètres, remonter par une très courte cheminée surmontée de touffes d'herbe (I sup.). Cet obstacle franchi, continuer sans problèmes sur de larges dalles blanches peu inclinées.

1h15 Il faut maintenant franchir une deuxième difficulté : un **ressaut de calcaire blanc.** Pour cela, remonter un cône herbeux vers la droite. Remarquer le passage à la limite entre le rocher blanc et le rocher schisteux. Suivre en diagonale vers la gauche une sente dans une faille de la roche calcaire. Un pas un peu délicat permet de franchir un petit ruisseau intermittent, puis on débouche sur des pentes d'herbe redressées qu'on remonte vers la droite.

1h30 S'élever sur des pentes moins raides en remontant la rive droite d'une **ravine** vers le sud, puis le sud-est vers le Mount-Herrant.

2h10 **Petit cirque** (vers 2500 m). Remonter un pierrier.

2h30 Vous parvenez au **col*** à droite du Mount-Herrant, 2606 m. Suivre l'arête facile jusqu'à l'avant-sommet.

3h15 Vous atteignez le **Mount-Herrant,** 2783 m.

* De ce col, on pourrait aussi descendre sur Estaubé

0h00 Suivre une sente à moutons en limite de parc, le long du ravin de Coste de Baque. Puis revenir vers le ravin de Chourrugues au bas des

Passage dans les rochers de Chourrugues

Grotte

CHOURRUGUES

C'est dans les falaises blanches que se niche la grotte de Chourrugues, d'un accès peu commode, et qui, d'après les anciennes légendes, mène au pays des nains qui vivent sous les montagnes et y gardent de fabuleux trésors. D'où le nom des cabanes de la Hèche d'Or, c'est-à-dire de la falaise d'or, donné à des cabanes de bergers dans la vallée d'Estaubé.

D'autres racontaient que, dans ces galeries sans fin, plus d'un téméraire avait laissé la vie, pour avoir voulu découvrir leurs richesses secrètes.

Au début du XXᵉ siècle (Bulletin de la société Ramond, 1901), la grotte de Chourrugues fut explorée par Lucien Briet qui en revint et se déclara fort déçu de n'y avoir rien trouvé.

escarpements. Traverser rive gauche de Chourrugues et descendre plusieurs ressauts successifs.

1h00 Traverser rive droite au bas d'une cascade.

1h05 Cabane d'Estaubé.

1h30 Lac des Gloriettes.

Le mieux est de disposer d'une autre voiture, mais on peut aussi remonter à pied vers le Maillet depuis les Gloriettes.

0h45 Jusqu'au torrent et à la piste de Pouey Boucou.

1h30 Jusqu'à la cabane de Groutte, par la piste.

1h40 Le Maillet, par la route.

Le passage des dalles

n° 33 LE COL DE LA GELA 2706 m
par le col de la Sède

Le col de la Gela est situé sur la crête orientale du cirque de Troumouse, entre le pic de la Sède et le pic de Gerbats. Il permet de communiquer avec le vallon de la Gela et la hourquette de Héas, menant aux lacs de Barroude. C'est également la voie d'accès aux arêtes orientales de Troumouse. C'est un parcours assez spécial dans sa partie supérieure. Sans être difficile, il demande quelque attention et une certaine habitude de la montagne. L'uniformité des pentes et

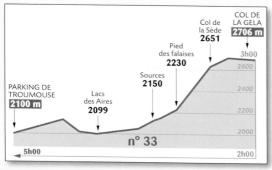

le passage des dalles calcaires lui donnent un caractère très particulier. Il est à éviter par temps de brouillard. La vue du col de la Gela – et du pic, que l'on peut aussi atteindre par l'autre versant – est inoubliable.

Niveau
Randonneur

Horaire
3h00 + 2h00 = 5h00

Total des montées
650 m

Difficulté
Des passages demandant un peu d'attention.

Cartes
n° 4, Bigorre, au 1/50 000
n° 1748 OT Gavarnie-Luz, au 1/25 000

Accès routier
Depuis Gèdre, suivre la route du cirque de Troumouse jusqu'à son extrémité.

0h00 **Parking de Troumouse,** 2100 m : prendre le large sentier du Parc national vers les lacs des Aires.

0h05 Laisser à gauche le **sentier de la Vierge** de Troumouse et suivre le sentier principal. Laisser à droite le sentier de la Munia et descendre vers les…

0h30 **Lacs des Aires,** 2099 m. Du dernier lac (à sec en fin de saison), suivre le sentier qui part au nord vers la cabane des Aires. Remarquer une

petite éminence, le tuc de l'Escaurède (2268 m), qui servira de repère.

0h45 Traverser un **ruisseau** et s'élever à travers des pâturages vallonnés jusqu'à…

1h00 Deux petites **sources jumelles,** en amont de la cabane, 2150 m, où l'on peut faire provision d'eau. De là, remonter direction nord-est, rive gauche puis rive droite jusqu'à un collet ouvert derrière le tuc de l'Escaurède. Remonter rive droite jusqu'au…

LE COL DE LA GELA

Pic de Gerbats

Col de la Sède

Tuc de l'Escaurède

Cabane des Aires

Ravin des Touyères

Accès au col de la Sède, versant Troumouse

1h30 **Pied des falaises** (vers 2330 m) où l'on trouve un sentier venant du cirque et les premiers cairns. Gravir directement nord-ouest le premier ressaut assez raide (herbe et rochers) en suivant les cairns. Suivre le cheminement le plus facile, aidé par les cairns, à travers un réseau de dalles calcaires d'inclinaison moyenne. Vers 2450 m, on quitte les dalles pour s'élever nord-est sur des pentes pierreuses assez raides vers la fin jusqu'au...

2h30 **Col de la Sède,** 2651 m. Du col, on peut rejoindre l'itinéraire du pic de la Gela. Pour cela, il est inutile de redescendre versant Gela. Continuer à monter par la crête facile jusqu'aux premiers escarpements du pic de Gerbats. (Admirer sur ce trajet les précipices du Gerbats, versant Troumouse, où se trouve « le mauvais pas du Gerbats », à la limite du calcaire et du schiste, permettant de rejoindre l'arête orientale de Troumouse.) À la base des escarpements, suivre dans les éboulis, vers l'Est, une des sentes qui conduisent un peu en amont du...

3h00 **Col de la Gela,** 2706 m, où l'on retrouve la voie normale du pic de la Gela.

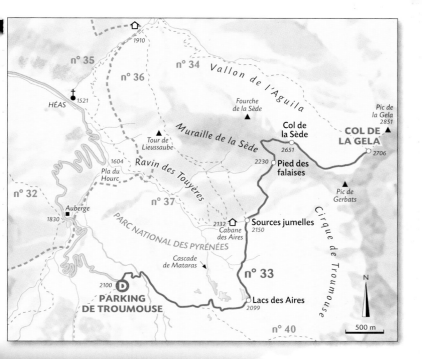

Au cœur du cirque de Troumouse

n° 34 LE PIC DE LA GELA 2851 m
depuis Héas

L'ascension au pic de la Gela ne présente pas de difficultés autre qu'un dénivelé assez important : 1400 m environ depuis Héas, un peu moins soit 900 m depuis Troumouse par le col de la Sède, mais l'ascension est plus difficile par ce versant. Dans les deux cas, on est récompensé de ses efforts par une vue inoubliable du sommet. Outre la vue sur le versant de Barroude, le panorama s'étend aux cirques de Troumouse, d'Estaubé et de Gavarnie.

Niveau
Randonneur

Horaire
4h20 + 3h10 = 7h30

Difficulté
Le fort dénivelé.

Total des montées
1400 m

Cartes
n° 4, Bigorre, au 1/50 000
n° 1748 OT, Gavarnie-Luz, au 1/25 000

Accès routier
Depuis Gèdre, prendre la direction de Troumouse-Héas. Se garer sur le parking à gauche, près d'un parc à moutons, avant le péage.

Le sentier de l'Aguila domine Héas

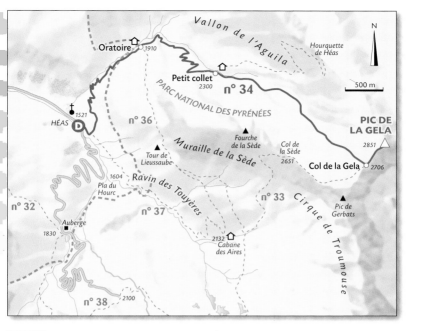

0h00 Du **parking** situé entre la chapelle d'Héas, 1521 m, et la dernière maison, prendre un large chemin qui bifurque rapidement. Suivre à gauche la direction de la cabane de l'Aguila. Le sentier traverse une zone d'effondrement, puis remonte en de nombreux lacets une pente assez raide le long du torrent.

1h15 De **l'oratoire,** 1910 m, continuer par le sentier qui s'élève à proximité du torrent. Il remonte en lacets un raide ressaut et mène à un…

2h30 **Petit collet** (vers 2300 m) pourvu d'un énorme cairn, aux allures de chorten, d'où l'on peut admirer la très belle vue sur le glacier du Vignemale, à l'ouest. Laisser à gauche la cabane des Aguilous, quitter le sentier de la hourquette d'Héas et continuer rive gauche en suivant une sente qui traverse une sorte de haut plateau marécageux.

Contourner par la gauche un mamelon coté 2409 m et remonter à l'est les pentes débonnaires du col de la Gela.

3h50 **Col de la Gela,** 2706 m, qui n'est pas franchissable mais qui offre une vue saisissante sur les murailles à pic et les lacs bleu azur de Barroude. De là, gravir la crête sans difficulté jusqu'au…

4h20 **Pic de la Gela,** 2851 m, dont la vue complète celle du col et s'étend jusqu'aux cirques de Troumouse, d'Estaubé et de Gavarnie.

Chapelle de Héas

n° 35 LE VALLON DE L'AGUILA 1910 m
n° 36 LE CIRQUE DE TROUMOUSE 2132 m
en boucle par la tour de Lieussaube

La tour de Lieussaube, puissant monolithe calcaire détaché des murailles de la Sède par quelque obscur phénomène géologique, a toujours impressionné les bergers de la vallée et les visiteurs. Un cairn de dimension importante se dresse au sommet. Voici ce qu'écrivait le Guide Joanne (1882) à son sujet : « Au fond du vallon d'Héas se dresse un rocher très aigu qui se détache fièrement du fond de la montagne : c'est une véritable aiguille que l'on nomme fort improprement la tour de Lieussaube ; d'après Ramond, elle offre beaucoup de ressemblance avec le Mönch, dans l'Oberland bernois. Au pied de cette aiguille, la vallée se rétrécit puis, s'élargissant de nouveau, elle forme le petit cirque de verdure (oule) de la combe du Four, entouré de hautes montagnes et dominé par Troumouse. » La vallée d'Héas se divise : le bras de Touyères suit la direction de la vallée principale et se termine au pied du cirque. Le gave qui le parcourt forme plusieurs belles cascades (Mataras). C'est dans ce vallon que se trouvent les mines abandonnées de Touyères et de Sainte-Marie d'où l'on tirait autrefois de l'argent, du cuivre et du plomb.

La vallée glaciaire de Héas

Niveaux
Promeneur jusqu'au vallon
Randonneur pour la boucle

Horaires
1h15 + 1h00 = 2h15 en A et R
pour le vallon
4h00 pour la boucle

Total des montées
400 m jusqu'au vallon
700 m pour le cirque

Difficultés
Traversée entre l'Aguila et Troumouse comportant des passages hors sentier. Ne pas y aller par temps de brouillard

Cartes
n° 4, Bigorre, au 1/50 000
n° 1748 OT, Gavarnie-Luz, au 1/25 000

Accès routier
Depuis Gèdre, prendre la direction de Troumouse / Héas. Se garer sur le parking à gauche, près d'un parc à moutons, avant le péage.

0h00 Du **parking** situé entre la chapelle d'Héas, 1521 m, et la dernière maison, prendre un large chemin qui bifurque rapidement. Suivre à gauche la direction de la cabane de l'Aguila. Le sentier traverse une zone d'effondrement, puis remonte en de nombreux lacets une pente assez raide le long du torrent.

On arrive à l'entrée du vallon de l'Aguila (petites cascades à gauche). La pente diminue ; on traverse les pelouses du vallon de l'Aguila et on arrive à l'…

1h15 **Oratoire** de la Sainte-Famille, 1910 m, construit au-dessus d'une source. D'ici on peut rejoindre le cirque de Troumouse en passant au bas des murailles de la Sède par la tour de Lieussaube. Le passage, sans être difficile, demande un peu de réflexion et d'observation car le sentier est effacé par endroits.

Remonter une combe au-dessus de l'oratoire en se dirigeant vers les murailles qu'on aperçoit (pierres blanches dressées à gauche). Rejoindre une croupe à droite. Du haut de

celle-ci, on découvre une vue originale sur le glacier du Vignemale, à l'ouest. Une sente file vers un col herbeux au sud (traces de sentier visibles près du col).

Passage au pied de la tour de Lieussaube (la Munia au fond)

1h50 Se diriger vers ce **col** qui se révèle plutôt un changement de pente. Paysage magnifique et d'une sauvage beauté. Replat au pied des falaises.

Suivre une combe peu inclinée, puis redescendre sur vingt mètres vers un gros rocher surmonté d'un cairn. On rejoint là un sentier bien marqué qui fait communiquer les pâturages de l'Aguila et de Troumouse. Franchir un ravin sous les falaises.

2h10 On arrive au passage entre la **tour de Lieussaube** à droite et des falaises impressionnantes à gauche. Vue magnifique sur la Munia.

Gagner à droite un promontoire d'où l'on a une vue exceptionnelle sur l'ensemble du cirque de Troumouse, du Gerbats à gauche au Montferrat à droite. Continuer vers le cirque de Troumouse : il faut atteindre la cabane des Aires qu'on aperçoit au sud. Pour cela, gagner en contrebas à droite un parc à moutons et une cabane ruinée. De là part un sentier qui gagne la…

2h45 **Cabane des Aires,** 2132 m. Là, prendre le chemin descendant dans le ravin des Touyères (croisement avec le sentier venant du fond du cirque de Troumouse). À gauche, cascade de Mataras, la plus importante des cascades de Troumouse.

Fond du ravin. On traverse un replat (cabanes ruinées). Plus loin, à gauche, prise d'eau, petit barrage. Le sentier franchit un petit ressaut dominant un vaste espace plat, le Hourc, où se réunissent les torrents de Touyères et du Maillet (1604 m). Ancien canal d'irrigation à droite.

4h00 On regagne le **parking** et le point de départ.

LA SAINTE FAMILLE

Un bloc de calcaire a été placé sous la voûte de l'oratoire. Trois figures humaines, symbolisant les trois personnes de la Sainte Famille, ont été sculptées par quelque artiste local dans les concrétions supérieures du bloc. Mais l'une des figures a été détruite par un vandale et remplacée par un morceau de roche. Une plaque de marbre rappelle la légende qui fut à l'origine de la construction de l'oratoire. Deux colombes se seraient posées à cet emplacement pendant plusieurs jours ; les bergers, intrigués par ce phénomène inhabituel, y auraient vu un signe divin. Et ils bâtirent cet oratoire. Les oiseaux s'envolèrent et réapparurent au-dessus d'Arrens, à Pouey-Laün, où l'on construisit la chapelle dite Capera Daourada.

n° 37 LE CIRQUE DE TROUMOUSE 2099 m
par le ravin de Touyères

CIRQUE DE TROUMOUSE
2132 m

Lacs des Aires
2099

PARKING
1521 m

Ressaut
1727

1h45
1900

1700

n° 37
1500

3h00
1h15

En montant, on peut remarquer les vestiges d'une cabane et d'un parc à moutons qui ont donné son nom à l'endroit : coueyla du Hourc. *Coueyla* désigne le lieu où l'on parque les moutons, ainsi que les abris des bergers. *Hourc* veut dire fourche, parce que les deux torrents du Maillet et de Touyères se réunissent ici, formant comme une fourche dans les pâturages. On remarquera aussi, en montant à gauche, un ancien canal d'irrigation qui arrosait les prés pentus au-dessus du hameau. D'autres canaux partaient du torrent de l'Aguila : on les devine plus ou moins sur la croupe dominant la chapelle, vers l'est. Le cirque de Troumouse est plus vaste que celui de Gavarnie. D'après Schrader, on pourrait faire contenir dans son enceinte au moins vingt millions d'hommes. Il a quatre kilomètres de diamètre, six kilomètres de crêtes, huit cents à douze cents mètres de dénivelée depuis sa base. Mais, du fait de ses dimensions plus étendues dans l'espace, il est moins impressionnant. Le point culminant est la Munia (3133 m) qui se trouve à peu près au centre, au-dessus du petit glacier suspendu. Remarquer au bas des murailles, à l'aplomb du sommet, deux monolithes détachés de la paroi que l'on appelle les Deux Sœurs de Troumouse.

Niveau
Marcheur

Horaire
1h45 + 1h15 = 3h00

Total des montées
600 m

Cartes
n° 4, Bigorre, au 1/50 000
n° 1748 OT, Gavarnie-Luz, au 1/25 000

Accès routier
Depuis Gèdre, prendre la direction de Troumouse / Héas. Se garer sur le parking à gauche, près d'un parc à moutons, avant le péage.

Lacs des Aires et bord oriental du cirque de Troumouse

0h00 Du **parking,** 1521 m, se diriger au sud par un large chemin, laisser à gauche le sentier de l'oratoire et de la cabane de l'Aguila, et continuer tout droit vers le cirque de Troumouse. On s'élève au-dessus du coueyla du Hourc, vaste replat herbeux où se réunissent les vallons du Maillet de Touyères.

1h00 Franchir un **ressaut,** 1727 m, au-dessus duquel se trouve un petit barrage et une prise d'eau (à droite). Puis on parcourt le fond du vallon des Touyères (cabanes ruinées) avant de s'élever sur les pentes raides qui aboutissent à la cabane des Aires. Le sentier est bien tracé et l'on s'élève sans difficulté.

Croisement : il n'est pas indispensable de gagner la cabane ; on peut suivre le sentier de droite qui mène sans encombre aux…

1h45 **Lacs des Aires,** 2099 m, modestes nappes d'eau.

Horizontalité et verticalité

n° 38 LE PIC DE GABIÉDOU 2809 m
n° 39 LES PICS D'ESTAUBÉ 2807-2807-2810 m
par le port de la Canaou

Le port de la Canaou, vu d'en bas, paraît infranchissable. Saint-Amand écrivait : « Faut-il que les gens de Héas soient épris de l'Espagne pour la chercher par un chemin pareil ! » Pourtant, lorsqu'il est déneigé, il ne présente pas de difficulté d'escalade hormis un court passage assez raide au départ du couloir. La descente, versant espagnol, est moins risquée à notre avis que celle du port Neuf de Pinède, dans la vallée voisine. Contrebandiers et passeurs profitèrent de cet isolement. Finis ces temps troublés. Depuis la création du Parc national (1967), les chasseurs d'images ont remplacé les chasseurs d'isards. La vue sur le Mont-Perdu depuis le soum de Port-Bielh, précédant les pics d'Estaubé, est une des plus fameuses des Pyrénées. Schrader l'a rendue célèbre par une photographie publiée dans le premier numéro de l'Annuaire du Club Alpin Français, en 1874.

Niveaux
Randonneur pour le Gabiédou
Randonneur expérimenté pour les pics d'Estaubé

Horaires
2h30 + 1h45 = 4h15 pour le Gabiédou
5h00 + 3h30 = 8h30 pour les pics d'Estaubé

Total des montées
700 m pour le Gabiédou
1150 m pour les pics d'Estaubé

Difficultés
Des passages d'escalade peu difficile. Ne pas y aller par temps de brouillard. Un court passage de III+ entre pics d'Estaubé 1 et 2. Matériel : 1 corde de 30 m (7 mm), 2 anneaux, mousquetons.

Cartes
n° 4, Bigorre, au 1/50 000
n° 1748 OT, Gavarnie-Luz, au 1/25 000

Accès routier
Depuis Gèdre, prendre la direction de Troumouse / Héas. À Héas, continuer par la route (à péage) jusqu'au parking du cirque de Troumouse.

0h00 Parking de Troumouse, 2100 m. Le départ de l'itinéraire est hors sentier. De l'entrée du parking, partir à flanc d'une colline herbeuse (sud) que l'on franchit au niveau d'un ruisselet (ouest) pour aboutir au point coté 2181. Se diriger à travers des éboulis jusque sous la base des murailles où l'on rejoint un sentier bien marqué.

Se diriger à l'ouest vers l'entrée du couloir bordé à droite et à gauche par

VICTOR PAGET II

Dans les pelouses situées en amont de l'auberge du Maillet, une pierre de marbre taillée était destinée à servir à un monument funéraire dédié à Victor Paget, dit Chapelle, guide des premiers pyrénéistes. Aujourd'hui presque effacée, l'inscription fut rédigée par Charles Packe, qui a donné son nom au refuge éponyme. Elle disait :
À LA MÉMOIRE
D'un brave homme
habitant de cette vallée
VICTOR PAGET, dit CHAPELLE
mort le 6 septembre 1874.
Venator quam intrepidus
vir simplex sine fraude
nulli qui haec juga perlustravit innocuit.
At amissi recordatus amici
hoc marmor inscribi fecit.
CAROLUS PACKE
Que l'on peut traduire par : *Chasseur très intrépide, homme simple et droit, il ne causa pourtant de tort à personne, dans ces montagnes. En souvenir d'un ami perdu, j'ai fait graver cette pierre. CHARLES PACKE. (Allusion à la mort tragique de Chapelle dans un accident de chasse.)*

deux pitons rocheux de calcaire blanc, bien visibles depuis la route de montée. L'entrée dans le couloir est assez impressionnante, mais sans difficulté. Remonter une pente raide (terre et éboulis) dans l'axe du couloir. Puis celui-ci s'évase et la pente s'adoucit.

1h00 Petit bassin : **Labasa de la Canaou**, 2405 m. Gravir un nouveau ressaut par la droite (sente dans les éboulis) pour accéder aux pentes terminales du…

1h50 **Port de la Canaou**, 2686 m. Large col désolé recouvert de débris d'ardoises. Croix frontière 321 gravée sur une dalle de schiste. Remonter à l'ouest une large crête d'éboulis, assez raide. Puis passer versant espagnol pour contourner un escarpement. Revenir vers le pic par des rochers faciles. Le cheminement est plus ou moins tracé et cairné.

2h30 **Pic de Gabiédou**, 2809 m. Vue superbe sur le massif du Mont-Perdu et le cirque de Troumouse. Descendre l'arête vers le col de Gabiédou, mi-calcaire, mi-schisteux.

3h00 **Col de Gabiédou.** Remonter la pente schisteuse du Portbielh, versant français, puis continuer à toute crête.

3h30 **Soum de Portbieilh,** 2846 m. Vue superbe sur le mont Perdu et la vallée de Pineta. Descendre ouest, versant français, sur les éboulis ou les névés pour éviter un ressaut raide sur la crête.

4h00 **Col,** 2755 m. Remonter une croupe facile.

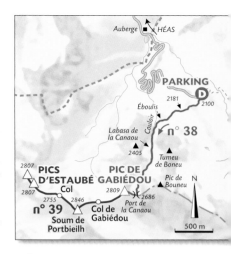

4h15 **Pic d'Estaubé 1,** 2807 m. Un ressaut, court mais abrupt, nous sépare du col suivant. Deux possibilités :
1) Franchir dans l'axe de la crête le ressaut en diagonale vers la droite, puis en revenant à gauche ; on se trouve au-dessus d'un petit mur de 3 m (III+) qu'on désescalade.
2) Passer par le versant Estaubé sous un rocher et revenir au-dessus du mur précédent.

Dans le premier cas, un bon premier peut assurer ses compagnons et descendre à son tour en désescalade. (Le temps de ce passage est variable suivant le nombre et l'habileté des acteurs.)

4h45 **Pic d'Estaubé 2,** 2807 m. Escalader des rochers faciles jusqu'au…

5h00 **Pic d'Estaubé 3,** 2810 m. Retour par le même itinéraire.

Au centre, le couloir d'accès de la Canaou et le pic de Gabiédou (au fond, à droite)

n° 40 LA MUNIA 3133 m
depuis le cirque de Troumouse

La Munia fut longtemps considérée comme une montagne difficile d'accès, même par la voie normale. Le glacier de la face Nord a considérablement diminué, et il ne présente plus d'obstacle, mais il reste deux petits passages d'escalade à franchir. Les orages sur la Munia sont fréquents en été et toujours redoutables. La corde sera utile à la descente pour les néophytes, au Pas du Chat et à la descente du petit mur, après le glacier. Trois autres voies classiques (pour alpinistes exercés) permettent d'accéder à la Munia :

1. Le parcours des arêtes occidentales depuis le port de la Canaou, avec le passage caractéristique du Cheval Rouge.
2. Le parcours des crêtes orientales depuis le col de La Sède comporte deux passages délicats : le mauvais pas sous le Gerbats et l'escalade de Serre Mourène.
3. Enfin, l'ascension par la face Nord directe (voie glaciaire) est une très belle course de neige (AD inférieur).

Niveau
Randonneur expérimenté

Horaire
3h45 + 3h00 = 6h45

Total des montées
1000 m

Difficultés
Des passages d'escalade peu difficile ; ne pas y aller par temps de brouillard. PD.

Cartes
n° 4, Bigorre, au 1/50 000
n° 1748 OT, Gavarnie-Luz, au 1/25 000

Accès routier
Depuis Gèdre, prendre la direction de Héas / Troumouse. À Héas, continuer par la route (à péage) jusqu'au parking du cirque de Troumouse.

La Munia

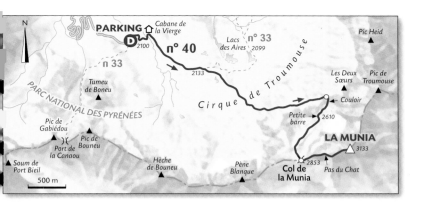

0h00 **Parking de Troumouse,** 2100 m. Prendre le sentier (est) vers les lacs des Aires (souvent à sec en fin de saison). Après le ruisseau, laisser à gauche le sentier de la cabane de la Vierge et suivre le sentier vers les lacs. On le quitte lorsque celui-ci descend (coté 2133) pour prendre une sente cairnée s'élevant vers les parois du cirque.

À la pente herbeuse succèdent des éboulis ; le sentier se dirige est-sud-est vers deux monolithes caractéristiques qu'on aperçoit bientôt : les Deux Sœurs de Troumouse.

1h15 Lorsqu'on arrive sur le même niveau, 300 m environ avant de les atteindre, remarquer à droite (sud) un large **couloir** d'inclinaison moyenne (neige et éboulis) qui monte dans les parois rocheuses : le gravir.

En haut de ce couloir, traverser à flanc (pentes raides) pour atteindre un deuxième couloir, plus étroit et plus raide, mais plus court, qu'on remonte par des rochers (rive gauche orographique).

2h00 Une petite **barre rocheuse** nous sépare alors du plateau termi-nal, 2610 m. La franchir en traversée de droite à gauche par une étroite corniche (II+). On débouche sur les pentes terminales peu inclinées (neige et éboulis). Les remonter en suivant les cairns jusqu'au…

2h45 **Col de la Munia,** 2853 m. Du col, suivre l'arête vers l'est, tantôt versant français, tantôt versant espa-gnol (nombreux cairns).

À mi-chemin, après un couloir et un bloc coincé (voie normale versant espa-gnol), se trouve le pas du Chat, vaste dalle d'inclinaison moyenne qu'il faut escalader par une de ses fissures (peu commode, II+). La suite ne pose pas d'autres difficultés que des passages étroits et un peu aériens sur la fin.

3h45 Vaste dôme de **la Munia,** 3133 m. Très prisée des montagnards espagnols.

Vierge de Troumouse et Munia

n° 41 LE TOUR DE LA MUNIA
par le refuge de Barroude,
les cols de la Robiñera et de la Munia

Ce superbe circuit (pour montagnards expérimentés) s'effectue en deux jours et permet de découvrir trois cirques, Troumouse, Barroude et Barrosa, au cours d'un périple de grande ampleur. La première partie, de Héas à Barroude, suit le trajet de la HRP et elle est réalisable par tout randonneur entraîné. La deuxième journée est réservée à des montagnards expérimentés car on rencontre plusieurs passages exposés, sur le chemin des Mines et dans la descente du col de la Munia. Ce circuit est également appelé circuit Lucien-Briet ; il est largement commenté par Pierre Carrière sur son site internet, consacré au cirque de Barrosa. Le passage clé de cet itinéraire est le chemin des Mines (ou camino de las Pardas, ou camino Barrosa), récemment redécouvert et équipé par les Espagnols.

HÉAS
1521 m

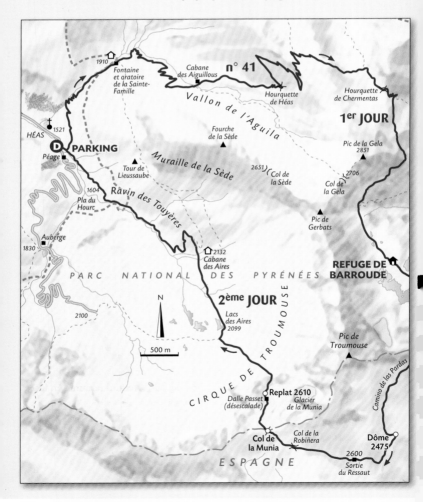

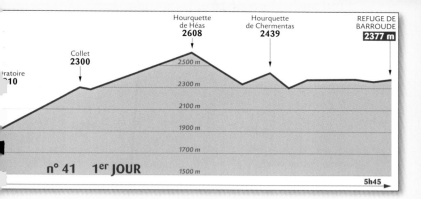

Niveau
Randonneur expérimenté

Horaires
5h45 le premier jour et 6h00 le second

Total des montées
1er jour : 1300 m env.
2e jour : 700 m env.

Difficultés
*Traversée de passages vertigineux,
petite escalade, enneigement tardif
(corde, piolet, crampons).*

Cartes
*n° 24, Gavarnie – Ordesa, au 1/50 000
IGN Esp. n° 146-IV et 147-III
n° 1748 OT, Gavarnie-Luz,
et n° 1748 ET Néouvielle*

Accès routier
*Depuis le village de Gèdre,
prendre la route conduisant
au cirque de Troumouse.
Se garer au parking
situé près de la chapelle d'Héas.*

DEPUIS HÉAS JUSQU'AU REFUGE DE BARROUDE
PAR LES HOURQUETTES DE HÉAS ET DE CHERMENTAS

0h00 **Héas,** chapelle. Du parking, 1521m, situé entre la chapelle et la dernière maison, prendre un large chemin qui bifurque rapidement. Suivre à gauche la direction de la cabane de l'Aguila. Le sentier traverse une zone d'effondrement, puis remonte en de nombreux lacets une pente assez raide le long du torrent. On atteint un replat.

1h15 À droite, petit **oratoire** de la Sainte-Famille et une fontaine, 1910 m. Continuer par le sentier qui s'élève vers l'est le long du torrent. Il remonte en lacets (sud-est) un raide ressaut et mène à un…

2h30 Petit **collet** (vers 2300 m) pourvu d'un énorme cairn, aux allures de chorten, d'où l'on peut admirer la très belle vue sur le glacier du Vignemale, à l'ouest. Traverser le torrent vers la cabane des Aguillous, puis

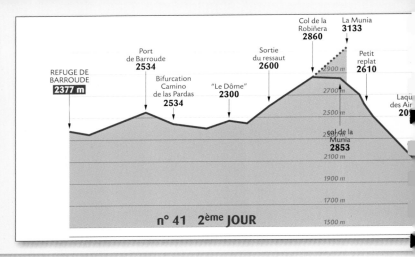

REFUGE DE
BARROUDE
2377 m

Port
de Barroude
2534

Bifurcation
Camino
de las Pardas
2534

"Le Dôme"
2300

Sortie
du ressaut
2600

Col de la
Robiñera
2860

La Munia
3133

Petit
replat
2610

2900 m

2700 m

2500 m

col de la
Munia
2853

2100 m

1900 m

1700 m

1500 m

Laqu
des Air
20

s'élever à l'est. La pente se redresse et le sentier fait un large crochet à travers une pente assez raide en éboulis, avant de gagner la…

3h30 **Hourquette d'Héas,** 2608 m, marquée par un cairn imposant. Des-cendre (nord) sur le versant de Piau par une pente d'éboulis assez raide. À 2450 m laisser un embranchement à gauche (nord) et continuer la descente vers le sud-est. Vers 2320 m, on rejoint le sentier qui monte de Piau et gagne rapidement la…

4h30 **Hourquette de Chermentas,** 2439 m. Descendre quelques lacets vers l'est, puis obliquer à droite (sud)

Lac et muraille de Barroude

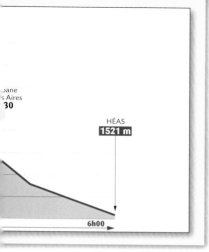

et presqu'îles curieusement décou-
pées offre un spectacle des plus
curieux. 35 places, gardé de mi-juin
à mi-septembre, 05 62 39 61 10 ou
06 88 73 84 11, propriété du Parc
national.

DU REFUGE DE BARROUDE À HÉAS PAR LE CHEMIN DES MINES ET LE COL DE LA MUNIA

La deuxième partie de l'itinéraire est réservée aux montagnards expérimentés (ou
accompagné d'un guide). De plus, la présence de neige ou l'importance des cascades
peut rendre impraticable le chemin des
Mines (se renseigner au refuge). Ce Chemin
(dit également camino de las Pardas ou
camino Barrosa par les Espagnols) est le
passage clé de cette deuxième partie. Il est
constitué par une mince et vertigineuse
corniche, récemment équipée (en 2004) de
trois séries de câbles, mais par suite de la
rigueur des lieux, plusieurs broches sont
descellées dans la dernière partie, rendant
ainsi le parcours plus « émotionnant »…

0h00 **Refuge de Barroude,** 2377 m.
Descendre au sud-est vers le déversoir
du lac (2355 m), traverser le torrent
et s'élever par un sentier bien tracé
jusqu'au…

0h40 **Port de Barroude,** 2534 m,
large replat caillouteux. Descendre
quelques lacets versant espagnol
jusqu'à une…

0h50 **Bifurcation,** 2460 m, marquée par un panneau indiquant :
Camino de las Pardas. Le sentier
traverse un éboulis vers le départ de la
corniche. Une main courante, formée
par trois séries de câbles, protège les
passages les plus exposés de la vire.
Le dernier câble est descellé en plusieurs endroits.

au pied de hautes falaises. Le sentier
remonte une combe (neige ou éboulis)
jusqu'à un petit collet, puis il continue à flanc en corniche, dominant le
fond du vallon de la Gela.
On entre bientôt dans le cirque de
Barroude, on passe entre deux laquets
(2356 m) avant d'atteindre le…

5h45 **Refuge de Barroude,** 2377 m,
construit sur une petite butte au pied
des imposantes murailles de Barroude. À proximité, un lac aux îles

Dernière traversée du Camino de las Pardas

la Munia (2853 m), où l'on rejoint l'itinéraire de la voie normale, plus fréquentée.

Descendre nord les pentes d'inclinaison moyenne (neige, éboulis) jusqu'au bord de la barre rocheuse qu'il s'agit de franchir. Un cairn marque le passage du petit mur qu'il faut désescalader en traversée (II+). Le passage est équipé, mais les prises arrondies par suite de la fréquentation élevée de cette voie rendent la descente délicate (corde utile).

4h00 **Petit replat,** 2610 m. Descendre à droite vers le haut d'un petit couloir raide qu'on désescalade par la rive gauche orographique. Par une traversée sur la droite, on atteint un deuxième couloir qu'il faut descendre (sans problème, lorsqu'il est déneigé). Fin des difficultés.

Laissant le sentier qui revient vers le parking de Troumouse, descendre directement un cône d'éboulis vers les laquets des Aires, qu'on voit en contrebas. Se diriger vers le…

4h20 **Laquet des Aires** le plus à l'est, 2099 m. De là, suivre le sentier qui part vers le nord du plateau et la cabane des Aires, qu'on laisse une trentaine de mètres au-dessus, pour suivre l'itinéraire de descente décrit p. 73 jusqu'à…

6h00 **Héas.**

1h25 Une petite désescalade nous mène à un **nouvel éboulis,** 2400 m, qu'on traverse, avant de remonter vers le…

1h45 **« Dôme »,** 2475 m, sorte de promontoire granitique qui s'avance dans le cirque, à l'aplomb de la Munia. Descendre légèrement (sud-ouest) dans un éboulis et se diriger à flanc vers la cascade la plus proche, pour franchir le raide ressaut d'où elle tombe. Le passage de ce ressaut se situe entre le torrent et une sorte d'éperon rocheux à droite. Remonter (ouest) une pente raide rive gauche orographique du torrent (marques de peinture blanche ou rouge peu visibles), puis le traverser et continuer rive droite.

2h25 Vers 2600 m, on sort du ressaut et on gagne des **pentes** devenues plus raisonnables qu'on remonte vers l'ouest jusqu'au…

3h15 Large **col de la Robiñera*,** 2860 m, côté Munia. Traverser nord-ouest (neige ou éboulis) vers le col de

* Si l'on veut faire au passage l'ascension de la Munia (3134 m), il n'est pas nécessaire de passer par le col de la Munia. Obliquer à droite vers l'arête ouest de la Munia, qu'on rejoint par un couloir oblique, terminé par un bloc coincé. On atteint l'arête juste sous le Pas du Chat (et les encombrements probables en été).

n° 42 LE CIRQUE DE LIS 1600 m
n° 43 LE RESSAUT DU BARRADA 2397 m
depuis Pragnères

Le ressaut du Barrada ferme de sa masse imposante le fond de la vallée. Bat Barrada signifie « vallée fermée ». On comprend pourquoi en voyant les pentes raides de 800 m de dénivelée qui barrent le passage. L'hiver, la gorge de Marraout, à gauche, constitue, quand elle est bien enneigée, le passage le plus commode pour aller au lac de Rabiet ou au col de Pierrefitte. Mais il est tout à fait déconseillé au simple promeneur de s'aventurer sur les pentes herbeuses et raides du ressaut de Barrada. Son ascension est donc réservée aux montagnards confirmés. L'itinéraire est difficile à trouver, surtout à la descente, même si un balisage rénové (2012) facilite l'orientation. La fin de l'itinéraire a été modifiée par rapport à la précédente édition, en raison de ce nouveau balisage. Un piolet peut être utile…

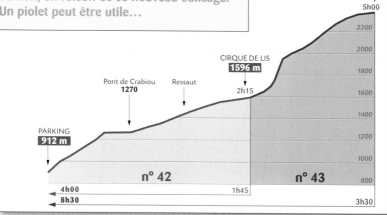

RESSAUT DU BARRADA
2191 m
5h00

CIRQUE DE LIS
1596 m
2h15

Pont de Crabiou
1270

Ressaut

PARKING
912 m

n° 42   1h45
n° 43

4h00
8h30
3h30

Niveaux
Marcheur jusqu'au cirque
Randonneur expérimenté pour le ressaut

Horaires
2h15 + 1h45 = 4h00 pour le cirque
5h00 + 3h30 = 8h30 pour le ressaut

Total des montées
700 m jusqu'au cirque
1300 m pour le ressaut

Difficulté
Pentes d'herbe raides, itinéraire exposé.

Cartes
n° 4, Bigorre, au 1/50 000
n° 1748 OT, Gavarnie-Luz

Accès routier
Depuis Luz, prendre la direction Gavarnie. 4,5 km après le pont Napoléon, on arrive à la centrale de Pragnères. Nous conseillons de garer la voiture sur le parking proche de la centrale. Panneau du Parc national. Il existe une piste pastorale qui dessert les granges de Barrada et celles de Ripeyre, mais une surfréquentation automobile sur ces pistes entraînerait irrémédiablement des atteintes à l'environnement. Enfin, ces pistes étant privées, « leur parcours est aux risques et périls de l'usager », suivant l'expression consacrée.

0h00 Du **parking,** 912 m, prendre le chemin s'élevant entre des maisons de l'autre côté de la route (panneaux indiquant : cirque de Lis, col de Ripeyre, granges du Barrada).

Ayant dépassé une chapelle (dédiée à saint Roch), on traverse le torrent par une passerelle. De suite après, le chemin passe sous un pont moderne, puis longe une prairie (petit moulin à gauche). Après une bifurcation avec un autre sentier – prendre à droite – le sentier rejoint la piste. Après le virage de la piste, reprendre le vieux sentier à gauche.

Nouveau croisement avec la piste que l'on suit pendant 500 m puis, au niveau d'un autre virage, obliquer à gauche (panneau indiquant le cirque de Lis). Un kilomètre plus loin (en suivant le sentier), on est au…

1h15 **Pont de Crabiou,** 1270 m. De là, le sentier continue rive droite, passe à côté d'une grange-chalet (comme l'écrivait Robert Ollivier), située à la lisière du bois, et entre dans le Parc national.

1h45 Après un petit ressaut, on atteint le plateau et la **cabane de Matte,** 1455 m. En début de saison, il faut traverser un cône d'avalanche (névé). Puis on entre dans une gorge aux parois raides que le sentier franchit par un passage en corniche.

2h15 On atteint le **cirque de Lis,** 1596 m, terminus de la vallée du

Au sommet du ressaut (vallée du Barrada à gauche)

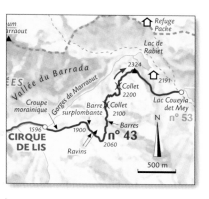

« Ce cirque a, au nord-est, une échancrure étroite et profonde, la gorge de Maraute, sombre ravin, presque toujours plein de neiges brisées, sous lesquelles s'échappent, en écume plus blanche qu'elles, le torrent rocailleux sorti des lacs supérieurs. Au sud-est se trouvent les glaciers très crevassés de Crabounouse, et au sud, dominant l'oule, le mole tronqué de la Pène Dégourade. Le ravin est presque toujours impraticable. Pour accéder aux lacs, il faut s'engager droit à l'est, sur une espèce de vaste escalier de rocs et d'herbes glissantes, connu sous le nom de Barragades de Lis. On parvient à un rocher décoré du nom de cabane, perché à 2200 mètres, près d'une excellente source. On descend un peu au nord pour rejoindre le torrent, et on arrive enfin, après 4 heures de marche de Pragnères au lac de Rabiet, 2220 m. »

Barrada. Retour en 1h45 pour les marcheurs.

L'ascension du ressaut est réservée aux montagnards confirmés. L'itinéraire est difficile à trouver et se situe sur des pentes d'herbe raides entrecoupées de barres rocheuses.

Face au ressaut du Barrada, vers la droite, remarquer deux torrents parallèles descendant en cascade depuis le haut du cirque. Attention, ce repère ne vaut qu'en début de saison. En fin de saison et par suite du réchauffement, l'un, voire les deux torrents peuvent disparaître.
En début de saison, depuis la base du

cirque (rocher, 1683 m) s'élever (est) entre ces deux torrents par une croupe herbeuse assez raide, puis obliquer (sud) à droite (1785 m) par une vire aérienne sous une barre rocheuse d'où tombe la cascade du torrent de droite. Traverser le torrent (en début de saison) et gravir (S-E) un dièdre herbeux et rocheux (30/40 m ; roche glissante si mouillée) pour gagner une croupe herbeuse bordée à droite par un ravin à sec et à gauche par une sorte de couloir herbeux évasé (1820 m).
Gravir la croupe herbeuse, en suivant balises et flèches (est). On atteint la base d'un éperon : obliquer à droite (1980 m) et traverser le lit asséché d'un torrent pour remonter (S-E) sa rive gauche (orographique).

Itinéraire du ressaut du Barrada

MARMOTTES

C'est dans la vallée du Barrada que furent introduites les premières marmottes importées des Alpes. Apparemment, ces petits animaux ont prospéré au-delà des espérances : elles sont présentes dans toutes les vallées. Un des arguments avancés pour leur introduction était qu'elles pourraient fournir un aliment pour les ours. Mais ces derniers, semblables en cela à bien des humains, préféraient les côtelettes d'agneau. En revanche, les renards voient dans les jeunes marmottes un plat tout à fait à leur portée. Cependant, les renards sont en nombre insuffisants pour être des prédateurs efficaces de la marmotte dont les cris stridents retentiront longtemps encore dans les montagnes.

Descente « à isards »

3h35 On gagne ainsi la **sente à isards,** 2060 m, qui traverse le haut du cirque, faisant communiquer le vallon de Crabounouse, à main droite, et les pâturages du Lis, à gauche. Traverser vers la gauche (nord) par cette sente aérienne vers un…

4h05 **Collet évident,** 2101 m. Une quarantaine de mètres après l'avoir franchi, obliquer à droite (est) et remonter une pente (herbe et rochers) donnant accès au replat du coueyla de Berahecho (2267 m ; ruines). À partir de là, le sentier est bien marqué : il franchit (nord) la ligne de crête du ressaut (2324 m) et s'élève encore un peu (S-E) avant de changer de versant (2397 m).

5h00 Pour rejoindre l'itinéraire du refuge Packe au lac Tourrat, **partir en traversée** (est) vers le collet entre le lac de Rabiet et les lacs de Coueyla det Mey. La sente, d'abord horizontale, franchit deux cannelures rocheuses, puis descend vers le…

5h20 **Sentier,** 2360 m, au-dessus du collet (2272 m) entre les lacs de Rabiet et Coueyla det Mey, où passe l'itinéraire du refuge Packe au lac Tourrat.

n° 44 LE ROC DE CASTILLON 1702 m
par le plateau d'Arrode 1408 m

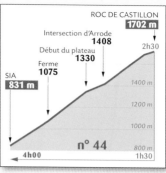

ROC DE CASTILLON **1702 m**
Intersection d'Arrode **1408**
Début du plateau **1330**
Ferme **1075**
SIA **831 m**
2h30
1400 m
1200 m
1000 m
n° 44 800 m
←4h00 1h30

« Car la désolation est maintenant sur les lieux qu'il désigne ; plus aucun troupeau n'y monte, l'homme lui-même s'en est détourné. »
C.-F. Ramuz, Derborence
Ces mots de Ramuz, le grand écrivain valaisan, pourraient convenir à la montagne d'Arrode. Le dernier berger de Sia qui montait ses bêtes au quartier de Castillon a cessé de le faire voici une dizaine d'années. Depuis, les anciens prés sont en friche. Le sentier (balisé) existe toutefois et il est entretenu, car il sert aux agents EDF pour accéder aux installations situées dans cette montagne. Récemment, le Sivom du Pays Toy a également réouvert un sentier transversal, qui servait de liaison avec le hameau de Trimbareilles, à l'intention des pèlerins de Saint-Jacques, pour l'expiation de leurs péchés…

Niveau
Randonneur

Horaire
2h30 + 1h30 = 4h00

Total des montées
900 m

Difficulté
Aucune

Cartes
n° 4, Bigorre, au 1/50 000
n° 1748 OT, Gavarnie-Luz, au 1/25 000

Accès routier
Quitter Luz et le pont Napoléon en direction de Gèdre. Juste après le pont de Sia, tourner à droite pour vous garer sur la placette du hameau.

0h00 De la placette du hameau de **Sia,** 831 m, revenir sur ses pas et emprunter la route nationale sur quelques mètres jusqu'à l'embranchement d'un sentier indiqué « Lac de Litouese » (entre deux maisons). Le sentier (balisé en orange) monte vivement entre deux haies de buis à l'ombre d'une forêt de hêtres.

0h40 On accède à une **clairière** et une ferme isolée : c'était la plus élevée du quartier de Saint-Bazerque (1075 m). Suivre le chemin horizontal entre les anciens prés : il gagne rapi-

Le roc de Castillon

Vue sur le Barrada

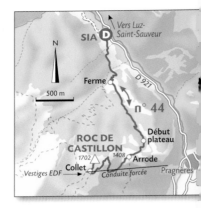

dement le couvert des arbres. Bifurcation : prendre le sentier qui monte à droite (sud) et qui grimpe dans la forêt. Négligeant les bifurcations secondaires, suivre le sentier principal (balisé) jusqu'au …

1h30 Début du **plateau d'Arrode** (murets et ruines de grange), 1330 m. Le sentier bordé de murets de pierres sèches et ombragé de noisetiers gagne un replat (grange restaurée à droite) où l'on croise le sentier récemment ouvert et balisé aux couleurs de Saint-Jacques (blanc et jaune ; 1408 m).

1h45 Ici le sentier que nous suivions s'efface sur quelques mètres dans les herbages. Du **panneau indicateur** (chemin de Saint-Jacques) gravir au sud-ouest une petite butte herbeuse jusqu'à une grange ruinée (à quelques mètres à l'ouest, dans l'ancien pré en terrasse, se trouvent un abreuvoir et une fontaine). Longer l'ancienne entrée de la grange à droite (nord) et rejoindre le sentier à nouveau bien tracé entre des buis (marques orange). On gagne ainsi un premier pont qui enjambe la conduite forcée, il s'élève raide en longeant la conduite jusqu'à un deuxième pont qui permet de regagner l'autre rive.

Le sentier effectue un large lacet au-dessus de petites falaises dans un bois clairsemé, puis émerge sur les pâturages supérieurs, d'où l'on découvre au-dessus les vestiges d'EDF ; obliquer à droite vers une petite éminence rocheuse.

2h30 C'est le **roc de Castillon** (ou d'Arrode), 1702 m, d'où la vue est superbe sur toute la vallée de Luz, la vallée du Barrada à l'est, et toute la haute vallée du Gave, dominée par la Munia, le Piméné et les hauteurs du Marboré.

Grange à Arrode

n° 45 LE LAC DE BASTAMPE 2019 m

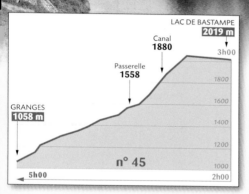

LAC DE BASTAMPE
2019 m
3h00

Canal
1880

1800

Passerelle
1558

1600

1400

GRANGES
1058 m

1200

n° 45

1000

5h00

2h00

Jusqu'à une période récente, le lac de Bastampe était réservé à quelques montagnards et pêcheurs d'altitude. Nous devons au Syndicat des guides et accompagnateurs du pays Toy l'aménagement et le balisage de cet itinéraire ainsi que de nombreux autres

de la vallée de Luz. Toutefois il reste sur la fin de l'itinéraire une petite difficulté technique : la traversée d'un chaos de rochers. Il ne faudra donc pas aborder cette randonnée par temps de brouillard.

Le lac de Bastampe est une curiosité naturelle avec son îlot garni de pins à crochets se reflétant sur le miroir du lac. « Des tapis d'armérias à l'odeur de miel ourlent la rive d'une délicate bordure rose. Passé le milieu du lac, un îlot où entre des rognons de granit des pins s'inclinent sur le miroir d'eau met une note pittoresque dans le désert qui l'entoure. Au fond, s'étale le cirque terminal drapé de névés et dominé par une crête en ruine qui, du pic d'Escariès, s'amincit vers la cime du Barbe-de-Bouc. » (P. Fayon, 1933)

Niveau
Randonneur

Horaire
3h00 + 2h00 = 5h00

Total des montées
1000 m

Cartes
n° 4, Bigorre, au 1/50 000
n° 1748 OT, Gavarnie-Luz, au 1/25 000

Accès routier
Luz, le pont Napoléon : à 300 m du pont, vers Saint-Sauveur, prendre la route d'Agnouède. Plus ou moins bien goudronnée, elle s'élève rapidement. Peu avant un petit pont, emprunter à gauche un chemin de terre en mauvais état pendant 300 m jusqu'à un groupe de granges (panneau : Bastampe). Mieux vaut se garer près du petit pont.

0h00 **Granges,** 1058 m. Le sentier pour Bastampe est indiqué et balisé par des marques jaunes représentant des pattes de marmottes. Il s'élève entre les buis. Laisser à droite un embranchement secondaire et suivre le sentier balisé. Aux buis, succède un bois de hêtres ; le sentier s'élève à flanc en direction du sud. Remarquer un ancien canal d'irrigation qui longe le sentier. La forêt s'éclaircit et bientôt le sentier s'élève à découvert en lacets le long d'un torrent issu du Badet.

1h30 **Passerelle** sur le torrent, 1558 m. Continuer sur l'autre rive, dans un bosquet, que l'on quitte vers 1650 m. Laissant à droite la trace grimpant à la cabane EDF, le sentier, toujours bien tracé, part à flanc vers la cabane d'Estarous (1680 m). De là, traverser un ruisseau et s'élever sud-ouest puis ouest en suivant les marques jusqu'au…

2h10 **Canal** qui serpente à flanc de montagne (1880 m).
D'ici, deux itinéraires sont possibles. Le premier itinéraire* est plus long, mais sans danger : suivre les marques jaunes qui font partir d'abord à droite, puis s'élever directement sur des pentes assez raides jusque vers 2100 m, et enfin redescendre vers un chaos cairné d'où on remonte vers le…

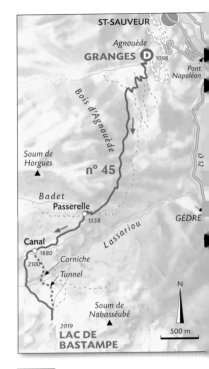

3h00 **Lac de Bastampe,** 2019 m.

* Le deuxième itinéraire est plus rapide mais plus exposé et finalement peu recommandé aux personnes sensibles au vertige. Il consiste à suivre le canal vers la gauche jusqu'à un premier tunnel. Contourner l'éperon par un sentier aérien en corniche (câble), puis s'élever à droite au niveau d'un deuxième tunnel, le long du torrent de Bastampe que l'on suit jusqu'au chaos cairné rejoignant l'itinéraire précédent.

Cabane d'Estarous

n° 46 **LE LAC LAGÜES** 2035 m
n° 47 **LES LACS DE L'ARDIDEN** 2439 m
n° 48 **LE PIC D'ARDIDEN** 2988 m

depuis Aynis

Le vallon de Bernazaou est certainement la voie d'ascension la plus belle pour aborder le massif de l'Ardiden. « C'est la voie royale », écrit Gérard Raynaud, grand connaisseur des lieux. « Aux beaux jours, les visiteurs sont nombreux, essentiellement des promeneurs et des pêcheurs qui trouvent dans l'austère beauté du site la récompense des quelques heures d'efforts nécessaires. »

Niveaux
Marcheur jusqu'au Lagües
Randonneur jusqu'au lac Grand,
Randonneur expérimenté jusqu'au pic d'Ardiden

Horaires
1h45 + 1h15 = 3h00 pour le Lagües
3h00 + 2h00 = 5h00 pour le lac Grand
5h00 + 3h30 = 8h30 pour le pic d'Ardiden

Total des montées
600 m pour le Lagües
1000 m pour le lac Grand
1600 m pour l'Ardiden

Difficulté
Montée au pic hors sentier, par des blocs. La crête finale demande de mettre les mains.

Cartes
n° 4, Bigorre, au 1/50 000
n° 1748 OT, Gavarnie-Luz, au 1/25 000

Accès routier
Depuis Luz, suivre la route conduisant à la station de Luz-Ardiden. Après le dernier village (Grust), continuer sur deux kilomètres, puis prendre à gauche la direction « Bernazaou ». Une petite route goudronnée traverse de charmants pâturages puis passe sur les flancs du soum de l'Aze et se transforme en piste cahoteuse qui mène au hameau de bergers d'Aynis.

0h00 **Aynis,** 1410 m. Continuer par un sentier (sud-ouest) qui mène aux granges supérieures, puis s'élève à flanc vers un rude ressaut.

On atteint la résurgence d'un torrent, sur un petit plateau, près des ruines d'un ancien coueyla de bergers (1829 m). Montant dans l'axe du vallon, on arrive bientôt au…

1h45 **Lac Lagües,** 2035 m, entouré de vertes pelouses, dans un petit cirque dominé par la fière aiguille de Lahazère. Une solide cabane complète

Pourtère d'Enbat
AYNIS **D**
1410
Soum
d'Eres Blanches
1829 Résurgence
Ruines
n° 46
2035
LAC LAGÜES
Soum de
Naou Costes
Aiguille
de Lahazère
n° 47
LACS DE 2382
L'ARDIDEN Lac de Cantet
Lac Herrat
Lac de Casdabat
2439 2411
n° 48
N
Terrasse 2681
Brèche de l'Aiguillette
500 m
2988 △ **PIC D'ARDIDEN**

LA CABANE DE LAGÜES

Elle fut bâtie en 1965 par M. Artigalet, de Luz. Son ouvrage aurait mérité de figurer sur les trois éditions successives des cartes IGN consacrées au Parc national et à la haute chaîne pyrénéenne. En effet, l'abri indiqué sur ces cartes est situé deux cents mètres au nord de la cabane actuelle et n'a plus, à vrai dire, qu'un intérêt archéologique. Un mauvais sort a voulu que cette erreur persiste dans la dernière édition. Que le lecteur scrupuleux se rassure : la cabane existe bel et bien. L'ancienne cabane fut construite par MM. Louis Bériaro et Antoine Fabri. Il s'agit de la plus ancienne cabane de la vallée.

3h00 **Lac Grand de l'Ardiden,** 2439 m. De la pointe sud, remonter un vallon (chaos de rochers ou névés) vers le sud, puis vers l'ouest. On aboutit sur une terrasse supérieure (2681 m). De là, continuer vers l'ouest et gravir des pentes (éboulis et névés) en direction d'une petite brèche surmontée d'une aiguille de rocher. C'est la brèche de l'Aiguillette. Continuer toute crête (gros blocs, petite escalade facile) jusqu'au…

5h00 **Pic de l'Ardiden,** 2988 m.

cet agréable et bucolique tableau. Les marcheurs s'en tiendront là.

Au-delà se dresse un nouveau ressaut assez raide conduisant au bassin supérieur (lacs jumeaux de Cantet et de Herrat), puis une nouvelle et courte montée fait accéder au lac de Casdabat et au vaste…

Cabane de Lagües
et aiguille de Lahazère

n° 49 L'AIGUILLE DE LAHAZÈRE 2552 m
par le lac Lagües

Cet itinéraire hors sentier (pour la montée) permet de visiter l'ensemble des lacs de l'Ardiden. La montée par le vallon de Labassa comporte la traversée de plusieurs petits chaos où la progression se fera, comme disait le Dr. Fayon « à l'allure du kangourou ». Voici ce qu'en écrivait Russell : « On ne pourra recommander cette ascension qu'à ceux qui tiennent à voir le nec plus ultra de la désolation et du terrible, et les grands désastres de la nature. »

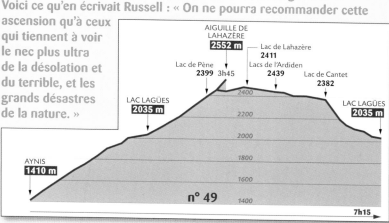

Niveau
Randonneur expérimenté

Horaire
7h15 pour la boucle

Total des montées
1150 m

Difficulté
Chaos

Cartes
n° 4, Bigorre, au 1/50 000
n° 1748 OT, Gavarnie-Luz, au 1/25 000

Accès routier
Suivre les indications de l'itinéraire 46.

0h00 **Aynis,** 1410 m. Suivre l'itinéraire 46 conduisant au…

1h45 **Lac Lagües,** 2035 m. Quitter le sentier et se diriger à l'ouest vers la petite source issue du chaos de Labassa. Suivre la croupe vers le sud-ouest en direction du col ouvert entre l'aiguille de Lahazère et la tuque de Bat Houradade.

2h05 On arrive à un **pin à crochets** isolé précédant un chaos qu'il faut traverser en direction d'une pente d'herbe sous le col.

Lac grand d'Ardiden

2h30 **Rochers** dominant la pente, nouveau chaos. Gravir une pente à tasca, mottes de gazon, puis en diagonale un autre chaos vers le…

3h15 Col et le **lac de Pène,** 2399 m. Admirer ce beau lac d'un bleu profond, le plus sauvage des lacs de l'Ardiden. Gravir directement versant nord la pente d'herbe redressée vers un petit col à l'ouest de l'aiguille. (La descente s'effectuera versant sud pour le retour.) Remonter une cheminée facile jusqu'à un rocher barrant le passage : on peut l'escalader ou contourner par une vire à gauche (II). Suivre l'arête disloquée jusqu'à l'…

3h45 Aiguille ou **pène de Lahazère,** 2552 m. Du sommet étroit on a une curieuse vue plongeante sur le bassin lacustre. Redescendre jusqu'au petit col puis tout droit par le versant Sud vers le…

4h00 **Lac de Lahazère,** 2412 m. De là, on pourrait redescendre directement par le lac de Cantet pour rejoindre la voie normale, mais il

serait dommage de ne pas visiter l'ensemble des lacs. Longer le lac Grand vers le sud et de sa pointe descendre par les lacs Casdabat, Herrat et Cantet puis le raide ressaut qui ramène au…

6h00 **Lac Lagües.** Compter encore 1h15 pour revenir au point de départ.

Lac et aiguille de Lahazère

n° 50 LE BERGONS 2068 m
depuis le vallon de l'Yse

PIC DE BERGONS
2068 m
Le Portillon **1988** 2h00
Piste **1670**
LACET 1442 m 1800
1600
n° 50 1400
3h15 1h15

La vue sur les montagnes de Gavarnie est superbe : depuis le glacier Nord du mont Perdu jusqu'au glacier du Vignemale. Au fond de la vallée, au sud, on aperçoit la centrale de Pragnères. Le versant nord du Bergons est sans danger alors que le versant sud est très escarpé.

Le pic de Bergons était, disait-on, le séjour des fées. Elles habitaient dans des grottes du versant sud (Bachebirou) où elles filaient des tissus de fil d'or. Attirés par le fabuleux trésor et par la beauté légendaire des fées, de téméraires bergers s'aventurèrent sur les pentes fatales, mais aucun ne revint ni avec le trésor, ni avec une fée…

Le vallon de l'Yse, à vocation pastorale, est aujourd'hui desservi par une piste carrossable et goudronnée. Cette piste a permis la restauration de nombreuses granges. Certains prés sont encore fauchés. Mais on déplorera la progression des friches et l'abandon de nombreux sentiers, notamment ceux des granges d'Abié.

Niveau
Marcheur

Horaire
2h00 + 1h15 = 3h15

Total des montées
650 m

Cartes
n° 4, Bigorre, au 1/50 000
n° 1748 OT, Gavarnie-Luz, au 1/25 000

Accès routier
À Luz-Saint-Sauveur, prendre la direction de Villenave, puis la route montant aux Astés. De ce hameau, suivre la route puis la piste conduisant aux granges du vallon de l'Yse (lieu-dit l'Estibe). Garer le véhicule près d'un virage en épingle à cheveux, coté 1442 m. Repère : une grange prise dans le lacet et plus loin un beau sapin isolé au-dessus de ruines. Il n'est pas utile de continuer jusqu'au terminus de la piste.

0h00 **Lacet,** 1442 m. De là, prendre le sentier s'élevant en longeant la forêt à droite. Passer sous la fontaine des Quatre Hêtres (1500 m). Plus loin, le sentier recouvert d'herbe s'efface un peu. Ne pas s'éloigner vers la gauche par des sentes horizontales. Continuer en effectuant de petits lacets dans la pente (essayer de retrouver l'emplacement de l'ancien sentier). On aperçoit bientôt le toit d'une grange et le mur d'un parc à moutons à droite.

0h45 Rejoindre la **piste** qui se termine ici, 1670 m. Se diriger vers la grange. À partir de là, le sentier est bien tracé. En deux lacets très larges, il gagne le portillon de Bachebirou : il part en traversée, gagne une source et un abreuvoir (à sec en fin de saison). Puis il se dirige vers la crête de droite et revient vers une petite brèche de l'arête de gauche (est), dénommée…

1h45 **Le Portillon,** 1988 m. Cabane adossée au rocher. On domine les

depuis le plateau du Lienz

Au début du trajet effectué sur la piste apparaissent les premiers pins à crochets accompagnés de bouleaux, arbustes colonisateurs, et de sorbiers aux petites baies rouges. Belle vue au nord sur le pène Tailhade, dont le sommet est entaillé par une profonde brèche, et le pic pointu du pène det Poury. Plus bas on remarquera la montagne du Capet dont le versant nord est couvert de constructions paravalanches. Le lac de la Glère est le premier (et le plus bas) de la quinzaine de lacs et laquets étagés entre 2103 m et 2747 m dans un vaste cirque granitique. De la terrasse du refuge, on a une vue remarquable sur cet imposant amphithéâtre glaciaire dominé par le pic de Néouvielle. L'aiguille élancée qui attire l'attention à droite est le Campanal de Larens, séparant le bassin de la Glère du vallon du Bolou.

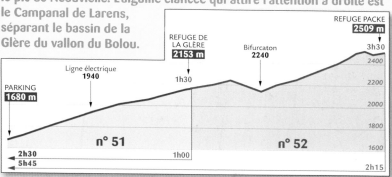

Niveaux
Promeneur pour la Glère
Marcheur pour Packe

Horaires
1h30 + 1h00 = 2h30 pour la Glère
3h30 + 2h15 = 5h45 pour Packe

Total des montées
500 m jusqu'à la Glère
1000 m jusqu'à Packe

Cartes
n° 4, Bigorre, au 1/50 000
n° 1748 OT, Gavarnie-Luz, au 1/25 000

Accès routier
Depuis Barèges, suivre la route montant au Tourmalet. 2,5 km après Barèges, prendre à droite la route forestière menant au plateau du Lienz. On peut se garer près de l'auberge Chez Louisette et continuer à pied par la piste (une heure) jusqu'à la base de l'important ressaut qui barre la vallée au sud. On peut aussi parcourir ce trajet de 3 km en voiture (viabilité douteuse). Se garer alors sur un petit parking (1680 m), car au-delà la piste devient plus raide et la chaussée est plus ou moins dégradée (mais la circulation y est autorisée).

0h00 Du petit **parking,** 1680 m, il existe deux possibilités de gravir le ressaut :

1. Parcourir à pied la piste utilisée par les véhicules 4 x 4 qui, après de nombreux lacets, aboutit au refuge.

2. Emprunter l'ancien sentier plusieurs fois interrompu par la piste et qui, de ce fait, est devenu moins évident (malgré un balisage jaune récent).

Plateau du Lienz

Camp Rollot

Soum de la Piquette

Vallée de la Glère

Pylône · 1680

D PARKING

n° 51

Ligne électrique 1940

Station de pompage EDF

REFUGE DE LA GLÈRE 2153

Lac de la Glère

Vallon de Bolou

Prise d'eau 2240 **Bifurcation**

Pic d'Era Goyé d'Estagn

n° 52

2140

Prise d'eau

Mont Arrouy

Campanal de Larens

Croupe · 2522 Lac du Pourtet

REFUGE PACKE 2509

N

500 m

0h40 Virage sous une **ligne électrique,** 1940 m. La piste marque un palier (ruisseau et pins). Bifurcation avec une piste secondaire se dirigeant vers la station de pompage EDF (panneau de sens interdit).

1h30 **Refuge de la Glère,** 2153 m. Terrasse pavée de granit. Belle vue sur le massif du Néouvielle. (Tél. 05 62 92 69 47, ouvert tout l'été.) Du refuge, on peut descendre au lac de la Glère, 2103 m. Suivre un sentier au sud : il gagne un petit col et longe la crête qui sépare le bassin de la Glère du vallon du Bolou. On arrive ainsi à une prise d'eau et à un torrent que l'on franchit par une passerelle en ciment. Traverser un replat. Gravir une petite croupe herbeuse.

2h00 **Bifurcation** du sentier, 2240 m. Prendre la branche de droite qui passe en corniche la crête et descend dans le vallon à droite. Le refuge Packe est visible sur le col, droit au sud. On rejoint le sentier montant (par la droite) de la vallée de Bolou (2140 m). Franchir un torrent par une passerelle (2180 m), un peu au-dessous d'une prise d'eau. Remonter en lacets une large pente herbeuse, puis un vallon d'éboulis rougeâtres (sud) entre une croupe secondaire à gauche et les pentes rocheuses du pic de Montarrouye à droite. Gagner une croupe (herbe et rochers, 2522 m) dominant le lac du Pourtet. Descendre un peu, puis remonter (sud-est) jusqu'au…

3h30 **Refuge Packe,** 2509 m, bâti en pleine crête (8 places). Vue imprenable sur la face Nord du pic Long.

LA GLÈRE

Construit après guerre, d'une capacité d'accueil de 65 places en été, le refuge de la Glère est le premier des grands refuges de conception moderne dans les Pyrénées. Son architecture originale, son emplacement dans un cadre imposant de hautes montagnes en font un but d'excursion recommandable. Il est tenu par Béatrice Caucat, sympathique et accueillante.

PACKE

Construit sur le modèle du refuge de la brèche de Tuquerouye (1890), le refuge Packe (août 1896) est le prototype des vieux refuges pyrénéens. Sa voûte ogivale en maçonnerie évoque quelque fortin destiné à résister aux plus terribles tempêtes. Le CAF de Bordeaux, qui fut à l'origine de sa construction, lui attribua le nom d'un grand pyrénéiste d'origine anglaise : Charles Packe. Amateur de poésie et ami des bêtes, il gravissait les montagnes avec ses chiens et un exemplaire des poésies d'Horace dans la poche. Cet Anglais « excentrique », ancien avocat, « ne plaida qu'une cause, victorieusement d'ailleurs, celle des Pyrénées » (Beraldi). On lui doit le premier guide de haute montagne pyrénéen : *A guide to the Pyrénées*, Londres, 1862. Il fit avec Russell de nombreuses ascensions et contribua largement à la réputation de nos montagnes.

Packe, refuge avec vue

n° 53 LE LAC TOURRAT 2621 m
n° 54 LE PIC DE BUGARRET 3031 m
depuis le refuge Packe

Le lac Tourrat (glacé), dominé par l'austère face Nord du pic Long
(3192 m), est un des grands sanctuaires de la nature pyrénéenne.
Même si l'on n'y voit plus, comme du temps de nos aïeux, « des pans
entiers de séracs s'effondrer dans ses eaux glaciales » (R. Ollivier),
il n'en demeure pas moins un spectacle rare. D'autant plus mérité
qu'il est séparé des vallées par de longues marches d'approche.
La voie décrite ici s'adresse à des randonneurs confirmés et ne devra
être entreprise que si la neige a disparu du sentier descendant
du refuge Packe au lac de Coueyla det Mey, car il domine des falaises
abruptes. La suite de l'ascension, en partie hors sentier, demande
de savoir s'orienter dans
ces conditions.

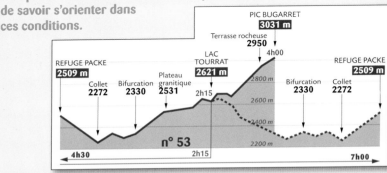

Niveau
Randonneur expérimenté

Horaires
*2h15 + 2h15 = 4h30 (depuis le refuge
Packe) pour le lac Tourrat
4h00 + 3h00 = 7h00 (depuis le refuge
Packe) pour le Bugarret*

Total des montées
*400 m (aller) + 300 m (retour) = 700 m
pour le lac Tourrat
830 m (aller) + 300 m (retour) =
1100 m pour le Bugarret*

Difficulté
*En partie hors sentier, itinéraire haute
montagne pour le lac Tourrat.
Finalement hors sentier, petite escalade,
enneigement tardif (piolet, crampons)
pour le Bugarret.*

Cartes
*n° 4, Bigorre, au 1/50 000
n° 1748 OT, Gavarnie-Luz, au 1/25 000*

Suivre l'itinéraire n° 52 conduisant
au refuge Packe depuis le plateau du
Lienz ou depuis le petit parking de la
vallée de la Glère.

0h00 Du **refuge Packe,** 2509 m,
descendre quelques mètres jusqu'au
col et suivre le sentier en corniche qui
descend en traversée jusqu'au…

0h25 **Collet** situé à quelques mètres
du déversoir du lac de Coueyla det
Mey (= du milieu), à 2272 m. Le
sentier monte légèrement pour passer
au-dessus de dalles plongeant dans le
lac, puis redescend vers un ruisseau
et une ruine de cabane (le coueyla en
question). Contourner une croupe
herbeuse entre les deux lacs.

LA CABANE BYASSON

Perchée sur une terrasse rocheuse à près de 2950 m d'altitude, la cabane Byasson est une curiosité méconnue de l'archéologie pyrénéiste. Cette construction fut redécouverte et identifiée par le Dr. Raynaud, du CAF d'Agen (Revue Pyrénéenne, n° 94, 2001). Petite par la taille, elle mérite pourtant d'accéder à une grande renommée, à plus d'un titre. D'abord, elle est la plus élevée des cabanes pyrénéennes. Ensuite, fait surprenant vu son altitude, elle a traversé le XXᵉ siècle sans gros dommage et son toit est quasi intact. C'est en 1900, en effet, que Louis Byassson, qui avait de la famille dans la région de Cauterets, la fit construire par deux bergers de Luz comme abri de chasse. Mais surtout, elle est le cénotaphe inattendu d'un héros de l'aviation. Car le lieutenant de vaisseau Byasson fut le premier officier de marine breveté pilote aviateur et co-fondateur de l'aéronavale, en 1910. Il se tua en avion l'année suivante, le 14 avril 1911.

Ici, la montagne pyrénéenne conserve son souvenir par ce monument imprévu et intact plus d'un siècle après sa construction. Formons le vœu que les élites du Parc national – nous nous trouvons ici sur son territoire – puissent conserver et entretenir cet héritage qu'ils ignoraient peut-être...

0h55 **Bifurcation,** 2330 m, laisser à gauche la sente qui descend au bord du lac de Bugarret et partir en traversée vers la droite (sud), remonter une combe le long d'un ruisseau en suivant un cheminement cairné (sud). De combes en croupes, toujours au sud, il franchit un ressaut et conduit à un...

1h40 **Plateau granitique,** 2531 m, parsemé de laquets et orné d'un pluviomètre du plus bel effet. Continuer vers le sud jusqu'à un plus grand laquet (2583 m). Franchir le ressaut suivant par la gauche, puis redescendre un peu jusqu'au...

2h15 **Lac Tourrat,** 2621 m.
Pour varier, on pourra effectuer un circuit intéressant par le fond du vallon. Attention, il n'est pas possible de descendre directement en suivant le torrent, depuis le lac Tourrat.
Reprendre l'itinéraire de montée jusqu'à un collet à l'est du grand laquet (2583 m). Descendre alors franchement à l'est par un couloir (herbe et éboulis) assez raide ; on suit d'abord la rive gauche, puis la rive droite du ruisseau de Bugarret, avant de regagner la rive droite du ruisseau, en amont du lac de Bugarret. Remonter légèrement pour retrouver le...

3h25 **Sentier de montée** en aval du lac, 2330 m.

3h55 **Collet du Coueyla det Mey,** 2272 m. Remonter au...

4h30 **Refuge Packe,** 2509 m.

LE PIC DE BUGARRET

2h15 **Lac Tourrat,** 2621 m : s'élever au sud de quelques dizaines de mètres pour franchir des rochers tombant à pic dans le lac. Suivre un passage en corniche au-dessus de ces rochers, vers 2700 m, puis redescendre légèrement et prendre pied par une petite désescalade sur les…

2h30 Pentes neigeuses de la **combe** au sud du lac, 2680 m. Remonter ces pentes (sud, puis sud-ouest) pour gagner une…

3h30 **Terrasse rocheuse** à droite, 2950 m, où se trouve bâtie la cabane Byasson (elle n'est pas figurée sur la carte IGN mais son emplacement se trouve au-dessus de la lettre A du pic

Face nord du pic Long et lac Tourrat

de Crabounouse). Gravir au sud les pentes faciles vers la crête, menant au…

4h00 **Pic de Bugarret,** 3031 m. Revenir par le même itinéraire.

7h00 **Refuge Packe,** 2509 m.

n° 55 LA CABANE D'AYGUES CLUSES ET LE LAC DE COUEYLA GRAN 2150 m
n° 56 LE PIC DE MADAMÈTE 2657 m
depuis le pont de la Gaubie

Les créateurs du GR 10 avaient le choix entre le vallon d'Aygues Cluses et le vallon dets Coubous pour faire passer le trajet du fameux sentier entre la vallée de Barèges et la Réserve du Néouvielle. Le vallon dets Coubous aboutit à la hourquette d'Aubert d'où la vue sur les lacs est sans égale. En revanche, pour

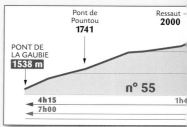

accéder à ce vallon, assez austère, il faut gravir un raide ressaut de 300 m. La vallée d'Aygues Cluses offre des paysages plus variés, de magnifiques bosquets de pins à crochets et une pente plus douce. Enfin, c'est du col de Madamète que l'on a, sans doute, la plus belle vue sur le pic de Néouvielle (3091 m). C'est donc cette vallée qui fut retenue pour le GR 10.

Niveaux
Marcheur jusqu'à Coueyla Gran
Randonneur en boucle pour le pic de Madamète

Horaires
2h30 + 1h45 = 4h15 pour Coueyla Gran en aller et retour
4h15 + 2h45 = 7h00 en boucle pour le Madamète

Difficulté
Aucune par bonne visibilité

Total des montées
600 m pour Coueyla Gran
1100 m pour Madamète

Cartes
n° 4, Bigorre, au 1/50 000
n° 1748 ET, Néouvielle-Vallée d'Aure, au 1/25 000

Accès routier
Depuis Barèges, prendre la route du Tourmalet. Suivre enfin la direction du Jardin botanique et se garer sur le parking du pont de la Gaubie (entrée du Jardin botanique).

Lac de Madamète

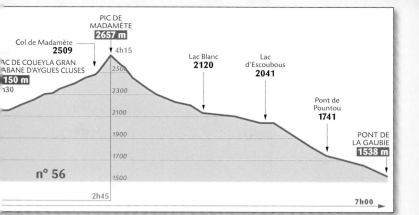

PIC DE
MADAMÈTE
2657 m

Col de Madamète
2509   4h15

AC DE COUEYLA GRAN
ABANE D'AYGUES CLUSES

150 m

h30

Lac Blanc
2120

Lac
d'Escoubous
2041

Pont de
Pountou
1741

PONT DE
LA GAUBIE
1538 m

2500

2300

2100

1900

1700

1500

n° 56

2h45

7h00

0h00 **Pont de la Gaubie,** 1538 m.
Le sentier (GR 10) est peu marqué au départ. Il s'élève à travers les pâturages pour rejoindre la piste que l'on devine un peu plus haut, à flanc de montagne. On passe à proximité d'un paravalanche constitué par un amoncellement de rochers. Rejoindre la piste que l'on suit jusqu'au…

0h40 **Pont de Pountou,** 1741 m.
Croisement : laisser à droite le sentier assez raide menant au lac dets Coubous et prendre celui conduisant à Aygues Cluses.
Longer un petit escarpement à gauche (rochers d'escalade). Le sentier s'engage dans un vallon pierreux. On débouche du vallon d'éboulis sur un plateau verdoyant où le ruisseau s'étale paresseusement en méandres avant de s'engouffrer dans une perte. On peut passer sur l'une ou l'autre rive. (Pour observer la perte du torrent, suivre le sentier à gauche dans les rochers.) Le sentier longe le torrent qu'il traverse deux fois puis gravit un petit ressaut.

1h50 **Sommet du ressaut,** 2000 m.
À gauche, un abri sous roche restauré : la cabane de la Pègue. Continuer sur le sentier qui passe en corniche au-dessus du torrent, dans un bois de pins

clairsemés. Très beau parcours jusqu'à une bifurcation du sentier. Traverser le ruisseau et gravir une croupe herbeuse où le sentier est moins marqué. On rejoint le GR et on gagne le…

2h30 Lac de Coueyla Gran et la **cabane d'Aygues Cluses,** 2150 m.
De la cabane, suivre le GR 10 vers le sud puis le sud-ouest. Il passe entre les lacs de Madamète (2299 m) et remonte vers le col bien visible, au sud-ouest.

3h50 Du **col de Madamète,** 2509 m, très belle vue sur le pic de Néouvielle au sud-ouest, le seigneur du massif. Le pic de Madamète se trouve à

L'HERBE À MILLE TROUS

On remarquera (en juin-juillet) de nombreuses fleurs jaune vif qui étalent leur corolle comme percées de mille trous : il s'agit du millepertuis. Autrefois herbe magique, elle entrait dans la composition des bouquets de la Saint-Jean. Cueillie au moment de la nuit de la Saint-Jean, elle était censée protéger du mauvais sort et éloigner les brouches (sorcières). Elle sert à fabriquer une huile officinale atténuant les brûlures.

Map content:

BARÈGES

Col du Tourmalet

D PONT DE LA GAUBIE
1538

n° 55

GR 10

Pic d'Izès ▲

Pic de Caoubère ▲

Lac de Tracens

1741 Pont de Pountou

Rocher d'escalade

Perte

Cabane de la Pègue

2000 Ressaut

Vallon d'Aygues Cluses

Cabane d'Aygues Cluses

Lac d'Escoubous

2041

Cabane d'Escoubous

2100

Lac Dera Yunco

2150 LAC DE COUEYLA GRAN

Pic de Lurtet ▲

Lac Blanc

2200

Lac de Tracens

Pic de Tracens ▲

Col de Tracens

Lac de Madamète 2299

Vallon d'Escoubous

2224

Lac Noir

Lac d'Aygues Cluses

2373

n° 56

PIC DE MADAMÈTE 2657

Col de Madamète 2509

N

500 m

vingt minutes en suivant la crête sans difficulté au nord-ouest.

4h15 **Pic de Madamète,** 2657 m. Pour un retour en boucle par dets Coubous, descendre au nord et suivre, versant ouest, le sentier balisé qui longe la crête menant au col de Tracens. Laisser le col à droite et suivre le sentier vers l'ouest. Passé un replat, il descend un vallon pierreux et gagne le lac de Tracens que l'on contourne par le nord.

5h20 On rejoint le sentier de la hourquette d'Aubert au niveau du **lac Blanc,** 2120 m. Se diriger nord à travers les marécages des laquets suivants (lac Blanc, lac dera Yunco).

6h00 Longer plus bas la rive nord du **lac dets Coubous,** 2041 m. Laisser à droite la cabane dets Coubous et prendre le sentier qui descend en lacets le raide ressaut de 300 m, pour rejoindre l'itinéraire de montée au pont de Pountou ; il ramène au…

7h00 **Pont de la Gaubie.**

Au sommet du pic de Madamète